幸福心理学

汤余 著

幸福是什么？

有人把幸福写进歌里，有人把幸福写在书中，美国哈佛大学却把幸福搬进了教室。

走进幸福课，认识幸福心理学，了解幸福感指数，我们离幸福会更近一点。

远方出版社

图书在版编目(CIP)数据

幸福心理学 / 汤余著. —呼和浩特：远方出版社，2016.11
ISBN 978-7-5555-0793-2

Ⅰ.①幸… Ⅱ.①汤… Ⅲ.①幸福—应用心理学 Ⅳ.① B82

中国版本图书馆 CIP 数据核字（2016）第 298755 号

幸福心理学

作　　者	汤　余
责任编辑	云高娃　李　可
出版发行	远方出版社
社　　址	呼和浩特市乌兰察布东路 666 号　邮编 010010
电　　话	（0471）2236471 总编室　2236460 发行部
经　　销	新华书店
印　　刷	北京富达印务有限公司
开　　本	650mm×940mm　1/16
字　　数	230 千
印　　张	17.25
版　　次	2016 年 11 月第 1 版
印　　次	2017 年 2 月第 1 次印刷
标准书号	ISBN 978-7-5555-0793-2
定　　价	32.80 元

如发现印装质量问题，请与出版社联系调换

序 言
——幸福其实很简单

幸福是什么？幸福就是将人的心理建设得强大，将生理的稳定性和安定程度调试到最佳状态。当这一切与社会、个人，甚至是发展相结合时，幸福的意义就变得非常庞大。最突出的表现便是将人生无限放大，并在有限时空内获得无限的精神财富与享受。就今天的中国来说，创造幸福，形成科学的幸福观，并始终处于一种稳定的、持久的幸福生活中，才是真正的幸福。

幸福很简单，甚至让我们发现不了它。现实中，幸福常常降临在我们心中。一个微笑、一次关怀的握手和一件让自己产生心理反应的小事……都告诉我们，幸福就在身边。幸福是那样不经意，所以我们总是追求幸福，却没发现幸福已在我们身边。

在复杂的社会内，只有时刻体会到人生，品味到一种接近完美和稳定状态的心理冲击，才能使人对幸福产生认识。所以，我们认为，幸福就是将生活的点点滴滴收集起来，并悉心管控，在生命最光辉时将它展现出来，并珍藏一生。因此，幸福又不简单，这是人生意义无限扩大的结果。同时，幸福往往以心理体验、反应和保存为主要条件，深深影响我们的一生。

此时，人们才有真正意义上的幸福。当一个人渴望进取，并使自己处于一种理想的生活状态时，往往需要体会幸福。幸福就是对人生的理解、总结和升华。对于年轻人来说，幸福是一瞬间的事，对年长者来说，幸福是一辈子追求的目标。

在此，我们重点向读者阐述一种科学的幸福认识、幸福体验和幸福观，甚至包括如何发现、如何掌握幸福，并一生受用。

对于中国人来说，幸福往往是一件简单的事；但对今天的年轻人来说，他们并没有对幸福的理解力，甚至缺少对幸福的科学理解和定义。当我们在生活上遇到不幸，甚至是打击时，总会产生种种不正常的心理反应，这就影响了人们对幸福的追求，进而影响到人的进步、能力，甚至是未来。

真正的幸福，存在于内心；真正的幸福感，往往外化于个人的生活方式、生活态度，甚至人生价值上。当人生产生价值时，我们不得不思考的便是幸福生活的建设。只有让幸福成为人生中最重要的部分，才能让我们对生命、生活和社会产生根本性认识，并为我们未来的生存或生活带来更大的渴望，做更有意义的诠释。

社会是一个复杂的综合体，当我们寻找到方向，并矢志不渝地追求时，往往表现在对幸福的认同上。生活幸福了，一切都会好起来。幸福是能力、声誉和金钱之上的产物，往往带有强烈的社会意识，并在未来的人生中取得心理上的最大收获。

所谓的幸福，就是对人生、社会和个人发展，以及环境的充分认识，并为自身生存带来稳定、安定和相对自由的空间。现在，让我们以幸福的名义，为读者认识幸福与幸福感，以及对幸福怎样影响人生做全方位的解读。

目 录

引　子…………………………………………… 001

第一章　幸福在哪里

第一节　爱不等于幸福………………………… 004
第二节　做大人事持孩子心态………………… 009
第三节　幸福自己说了算……………………… 014
第四节　幸福像云　人生须定………………… 019
第五节　用心的人最幸福……………………… 024

第二章　占有欲——幸福杀手

第一节　幸福其实有天大……………………… 030
第二节　拥有一切不等于幸福………………… 035

第三节　唯我独尊幸福终结…………………………… 040

第三章　心态决定你的幸福指数

第一节　偷懒不能成就事业…………………………… 046
第二节　戴着有色眼镜看不到幸福…………………… 051
第三节　无知是一种幸福……………………………… 056
第四节　微笑面对别人是一种魅力…………………… 061
第五节　乐观一点幸福一点…………………………… 066

第四章　睡在金钱堆里也不安

第一节　物质倍增精神递减…………………………… 072
第二节　人心不足蛇吞象……………………………… 077
第三节　自身利益不能无限伸张……………………… 083
第四节　生活奢侈的人精神荒芜……………………… 088
第五节　有钱能使鬼推磨……………………………… 093

第五章　不幸福都是自己找的

第一节　过分追求幸福物极必反……………………… 098
第二节　简单生活复杂心情…………………………… 102
第三节　幸福的最大障碍是我们自己………………… 107
第四节　不进步幸福不找你…………………………… 112

第五节　在痛苦面前可以笑一下………………… 117

第六章　千万别一个人工作

第一节　守株待兔不如果断出击………………… 124
第二节　这山看着那山高………………………… 129
第三节　过度忙碌是幸福的威胁………………… 134
第四节　世界需要一群人………………………… 139
第五节　点头的机会比摇头的机会多…………… 144

第七章　放不下往事，幸福不会敲门

第一节　封闭心灵：一种病……………………… 150
第二节　能不能多点微笑………………………… 155
第三节　"感觉是对的"就行吗………………… 160
第四节　伸手不如动手…………………………… 165
第五节　用心就能得幸福………………………… 170

第八章　心灵美——真正的幸福

第一节　社会在进步心灵要同步………………… 176
第二节　持久幸福力——平常心………………… 181
第三节　由内而外才是真的美…………………… 186
第四节　成功路窄个人心宽……………………… 191

第九章　用心生活

第一节　细节决定幸福程度……………………… 198
第二节　成熟就是本钱…………………………… 203
第三节　学习、学习、再学习…………………… 208
第四节　能力强大生活才幸福…………………… 213
第五节　自我激励幸福常在……………………… 218

第十章　认真的人最幸福

第一节　一丝不苟事半功倍……………………… 224
第二节　工作积极的人一定幸福………………… 229
第三节　培养一种认真的幸福…………………… 234
第四节　事业成功认真是脚步…………………… 239

第十一章　每天微笑一下的幸福

第一节　放开一切没什么大不了………………… 246
第二节　幸福就在你的鼻子底下………………… 251
第三节　幸福一笑能增寿………………………… 256
第四节　幸福人生——以"微笑"的名义……… 261

结束语　中国人的幸福标准……………………… 263

引 子

当社会复杂到无法想象时，它是否缺少一种对人生的追求？当事业和生活不再是我们首先考虑的难题时，我们是否需要一种全新的生活方式？当社会和经济内外的一切事物都无法让我们产生新鲜感和认同感时，我们是否渴望一种新精神的出现？带着问题，我们将探讨一种全新的生活理念，那就是幸福生活和幸福感的产生。带着这一问题，本书将为读者打开一扇通向"幸福"的大门。

第一章
幸福在哪里

第一节 爱不等于幸福

当天空中的白云飘浮在你的头顶时,你是否感觉到自然给你心灵的惬意感;当你开着汽车,看到对面的行人向你打招呼时,你是否感觉到社会对你的尊重;当你和儿子一起玩耍时,你是否感觉到家庭的温暖;当你听到亲密爱人的甜言蜜语时,你是否感觉到自己生命的伟大……

从以上的一个个场景中我们能发现,现在,中国人的生活水平明显提高,当前的问题是他们在追求一种什么样的高规格生活呢?很多人回答:"我们在追求一种理想的品质生活。"诚然,这种想法无与伦比,但要真正衡量起来,却没有一个统一的标准,甚至有人认为,上述几种生活场景都不是最理想的,也就是说,他们认为这样的生活并不幸福。但是,真正的幸福是什么呢?如果让每个人回答,相信答案也千差万别。因此,我们现在能这样理解:一种理想的品质生活就是幸福生活,而这"幸福生活"无法用统一的标准判断。就这一点来说,我们需要对幸福生活进行深入探讨,让人们知道，真正的幸福并不是单一的表现形式。

当今，说到幸福，人们很容易想到"爱"，认为幸福生活就是拥有"爱"，爱情、友情、亲情越多，"爱"就越多，生活也就越幸福。事实上，这一观点带有几许偏颇，起码是一种以偏概全的主观认识。按照《新华字典》里对"幸福"一词的解释，幸福就是"（生活境遇）称心如意"。由此可见，幸福是一种综合性生活指标，它往往需要从生活的各个方面考虑。如果一个人说，我有美好的爱情，朋友同事对我好，而且父母疼爱我，这就是幸福的生活。其实，这只回答出"幸福"真谛的一部分。因为，幸福需要物质基础，也需要物质基础之上的实用精神。也就是说，当一个人在感情上得到满足时，往往是物质上缺失而形成的一种自娱自乐的心态。从客观方面来说，拥有各种各样的"爱"并不能说明一个人沉浸在幸福之中。

近年来，政府一再提出"幸福社会"的概念。这一概念的提出，在很大程度上改变了中国惯有的认识：有钱人不幸福，穷人最幸福。之所以会这样认为，是因为他们认为有钱人被关爱、被呵护的机会极少，所以身边没有"爱"，这样就是不幸福的表现。反之，穷人更幸福，他们总是获得社会的同情和关爱。今天，中国人不应该再凭借感性的认识来辩驳"幸福"的概念。

首先，精神是建立在物质基础之上的。"幸福"是一种精神享受，所以，它需要建立在强大的物质基础之上。中国改革开放30多年，已形成强大的物质基础，中国人已衣食无忧，追求更高品质的生活是必然的。在富裕的社会成员中，他们整天享受着国家和组织给自己带来的满足感。相反，一些没有生活保障，甚至缺衣少食的人因为没有强大的物质基础，虽然整天乐呵呵地生活，接受别人的关爱，但他们的身心却在承受巨大的压力，甚至在绝望之中生活。因此，一个科学的、现代化的社会，往往有强大物质基础的人是幸福的，他们能获得更多的幸福。

其次,"爱"是心灵感受的最高形式,不是幸福的直接表现者。在中国,大部分人认为,有"爱"就有幸福,物质基础越好,反而越不幸福。这种观点可能是出于人们内心的怜悯和同情。但是,这种心理是很难表现在表面上的。一旦表现出来,就会出差错,其最大的障碍就是个人情感,说得更深入些,就是每个人身上存在着不同的"爱"。在一个社会中,一个人不可能只有一种"爱",当前者猛烈冲击后者时,那"爱"就会出问题。在这种情况下,人会变得世俗,变得刻薄,甚至变得失去关爱的人性。这样,幸福就会很快消失,依靠"爱"形成的幸福只能是一个错误。因此,人们只有跳出以往的怪圈,才能重新认识幸福的真谛。

最后,"爱"是不稳定的情感表现,而幸福是一种成熟的、有相当稳定性的生活体验。在生活中,一个人爱一个人、一件事物,往往伴随着对另一个人、另一件事物的憎恨。两者相互比较之后,一个人才能形成爱憎分明的性格。因此,"爱"相当不稳定,它总是在不经意间突然转化为"恨",也会瞬间将"恨"转化为"爱"。如果一个人的心理承受能力不够,那他将深受折磨,更无从谈起幸福生活了。

不得不说,爱与幸福之间存在很大差异。就今天的社会状况来看,越来越多的人渴望幸福生活,而他们口袋里的金钱和身边的物质越来越多,一些因循守旧的人就认为,社会上的人越来越有钱,他们的幸福却越来越少,这是一种正常现象。但是,我们的社会建设者和研究者却认为,这是一种极端、错误的观点。虽然社会上还有很多人认为一穷二白的中国是最幸福的,但有相当一部分人发现,那时的人虽然精神面貌爽朗,但受物质贫乏牵制的作用非常大,幸福缺乏起码的稳定性。近年来,中国政府提出"幸福社会"的概念,是建立在科学判断的基础之上的,越来越多的中国人能获得幸福生活。它并不是以往人们认为的那样:"缺钱多爱"的就是幸福。而是觉得自己衣食无忧了,完全有必要提高一下生活质量,具有极强的稳定性。

就今天的社会来说,"爱"往往只是通向幸福生活的一种方式,二者绝对不能完全等同。就年轻人来说,谈恋爱是非常美好的事。两人若能真心相爱,那他们在心灵和精神上的满足感是极大的。但这时并不能说他们就获得了真正的幸福。因为爱情不具有稳定性,一对情侣整天形影不离,这往往说明他们拥有了心灵满足感,谁也不能保证,他们不会见异思迁。在这种情况下,情侣关系是最美好的,但也是最不稳定的。两人只有经过长时间的情感考验,闯过风风雨雨,最后决定长相厮守,这时,幸福才会出现,这也是情侣发展到婚姻伴侣的最终结果。两人确定关系之后,会惊奇地发现,维系两人婚姻伴侣关系的因素不再是"爱",而是互相信任、互相依靠的物质基础和精神动力。两人虽然没有了往日的甜言蜜语,也没有了互相依靠的惬意感,但他们依然在一起,显得非常亲密,这就是幸福生活的体现。它没有负担,没有互相依赖的责任感,而是彼此心照不宣的爱情惯性。"爱"已成习惯,那它就不是爱情,而是一种成熟的生活。

"爱"需要时间考验,它被捆绑在"时间"之上,是一个发展、考验的过程。其结果只有两种:要么成功,要么失败。成功的人是幸运的,也能说明他们之间的爱情是坚贞纯洁的。在这种情况下,他们会用一个不大的房子和一颗热忱的真心呵护来之不易的爱情,以获取生活上的幸福。因此,我们认为幸福是一个空间概念,它需要一个房子、一套家具和一颗忠诚的心。

现在我们能明白,"爱"是美好的,但"爱"不是幸福的代表,只是幸福的一种表现。更重要的是，在"爱"还未走向成熟之前，它不能形成幸福。"幸福"是一个需要更高层次、更宽泛的因素制约的品质生活。在今天的生活中，年轻人追求完美的爱情没有错，但其目标需要明确，那就是一定要获得后半生的幸福生活。如果是为爱情而爱情，幸福就无从谈起。幸福的产生需要成熟的心理、健全的人格和丰厚的物质基础。因此，一个现代社会的成员，需要不断提升自己，从精神和物质两方面包装自己，让人的价值最大化，得到更多人的认可，然后获得真正的爱情。

对于今天的中国人来说，尤其是年轻人，幸福生活并不是单一的爱情表现，认识这一点至关重要。"爱"是时间上的概念，而"幸福"更多地被捆绑在空间上，它不但需要精神财富，更需要强大的物质做后盾。

"爱"不等于"幸福"，这是新时代人对幸福的认识，它是科学的，也是实践与研究相结合的结果。年轻人往往只看到爱情的重要性，认为有爱情就有幸福，这种单纯的逻辑关系是不存在的。幸福的概念更宽泛，它是稳定、成熟、健全生活观和人生观的体现。所以说，"爱"不等于"幸福"。

第二节
做大人事持孩子心态

在生活中，很多人说自己不幸福，这到底是身在福中不知福，还是现实的写照？今天，我们生活在经济建设的高潮期，人们的生活水平在不断提升。如果我们能将今天的生活与以往比较，那中国人都会感到幸福。但是，偏偏有部分人不愿意比较，他们认为幸福就是不断奢求，并将越来越高的生活目标假想成幸福生活，一旦实现，所谓的幸福就不存在了。我们应该怎么对待这样的问题呢？现在我们来探讨一下。

如果现在我们提出一个问题，在你的一生中，哪段时光最难忘？你会有怎样的答案？根据这个问题，笔者对周围的人做了一番调查。笔者共调查了20位中青年，其中有17人认为自己的童年是最难忘的，另外3位认为青年奋斗时最难忘。根据这一调查我们发现，人的一生中最珍贵、最难忘的是童年。也就是说，童年是每个人公认的黄金成长期，那时没有忧愁，没有负担，更没有社会压力。现在我们能这样理解：在人的一生中，童年是最幸福、最美满的。

之所以人们认为童年是最幸福、美好的,是因为儿童没有对社会的过多认识,也没有所谓的成熟思想和判断意识。作为一个儿童或孩子,他们从不判断一个事物的好坏,他们遇到困难时也不怨天尤人,而是本能地承受着。因此,孩子是幸福的,他们在父母的呵护下生活,在社会的关注下成长,在老师的教育下学习。这一切都告诉我们,孩子是无意识追求幸福生活的群体。也可以这样说,孩子不追求什么,却整天生活的幸福里。今天,中国社会空前繁荣,对个人欲望产生了巨大刺激,人人都渴望获得更多,付出更少。在这种情况下,人的精神世界会发生巨大变化,种种丑恶思想滋生,种种反常现象出现。这就极大地影响了国人追求幸福的热情。

遇到一件事时,成人考虑的是对自己是否有益,然后才实施行动;而孩子则不同,他们首先会考虑有没有乐趣,然后就会行动。还有,由于孩子心灵纯洁,当他们遇到对自己无好处,甚至是有害的事情时,出于人性本能的反应,他们也会做。事情一旦成功,他们的内心会产生无尽的幸福感。这也是成人与孩子之间幸福差距的根本表现。

在安徽中部,一个偏僻的小山村里,住着一个普通的家庭。家中有个小女孩,刚刚5岁时,父母便双双因病离开人世。小女孩举目无亲,眼看就要饿死。邻居忙跑到她家,双眼含泪地说道:"小丫头,跟我回家吧!阿姨给你饭吃,让你上学。"小女孩眼泪哗啦啦地落下,胆怯地说:"我不去,我要在自己家里。"这时,阿姨一把抱住她,动情地说:"好丫头,跟我回家,阿姨一定像你妈妈一样养活你。"说完,就将小女孩抱回家了。

日子一天天过去,转眼3年过去了,小女孩被养母无微不至的关怀感动,彻底投入了她的怀抱。但好景不长,就在这一年,养母患上残疾,养父因此离家出走。小女孩站在养母身边,看着她憔悴的样子，舍不得离开，就大声地道："妈，我能照顾你。"养母顿时泪流满面，说不出话来。从此，小女孩过上了三点一线的生活：家、学校、菜市场。几天之后，有人要领养这个小女孩，但她却说："妈妈对我有恩，我不能走。"当她看到别人穿新衣服，在父母的陪伴下上学时，她都会跟在后面，认为这样就能跟别人一样幸福。

上学时，有很多同学嘲笑她，看不起她，但她依然面带微笑，认为自己是养母救活的，就是吃苦也要照顾养母。一次次的吃苦和侮辱，反而让小女孩觉得自己孝顺养母是正确的，心中更感幸福。就这样，女孩几十年如一日，一直照顾患病的养母。当人们问她："你为什么这么坚持呢？"女孩动情一笑道："是养母给了我一个新家，我现在就要对她尽孝心，这样我才问心无愧。"这句话，感动了所有认识和支持她的人。

这个故事多么感人啊！它告诉我们，人的一生不要计较太多，也不能考虑太多，更不能太过自私。人生活在现实中，可能或多或少都要涉及个人利益，但是，现实生活也是一个被塑造的对象。我们渴望生活是幸福的，那我们就要让生活纯洁无瑕，我们的认识和心灵就要像孩子一样，始终是最光明、最可爱的。故事中的小女孩虽然年幼，却有良知，有孝顺父母的品德，更有感恩之心。就事实来看，这是很多成人无法做到的事。他们往往考虑自身的利益，养父都离家出走了，"我"还坚持什么呢？这样下去不会有幸福。

这是很多人的想法，而真正出于人的本能考虑，做到至善至美的却是孩子一样的心态。现在，问题又会出现，如果成人想保持孩子一样的心态，那他的主观认知和心理承受度就会不协调。也就是说，如果成人为了寻找心灵上的幸福感，履行了与小女孩一样的义务，那这些大人就能同小女孩一样，感到无比幸福吗？事实上，这需要人们改变对幸福的理解和对事物的基本观点。当然，当人们嘲笑你，说你是傻子时，你心中一定难受，会产生强烈的反感，甚至你会认为，这会影响我的社交、工作和生活，无从谈起幸福。但我们看看小女孩子的心态就会发现，这样的认识又是成人的一个劣势。小女孩被人嘲笑、侮辱之后，她认为这是对养母忠诚的表现，更能体现她爱养母，所以心中暖暖的，幸福感油然而生。这是很多追求幸福的成人所无法想象的。他们认为，被人侮辱是最不能容忍的事情，因为这会降低自己的社会地位，减少自己的社会威望，甚至会对自己的心理产生巨大冲击，让自己生活得痛苦。

这就需要我们再次提出，成人之所以不幸福，那是因为他们会顾及不必要的社会影响。如果我们能摆正心态，将一切虚名和地位放在一边，保持最本能、最纯洁的心灵状态，我们会发现，生活本来并无负担。在明媚的阳光之下，我们能感受强烈的生活温暖和社会关爱。所谓的声望和地位不过是孩子调皮的眼神，转瞬即逝。在名誉和地位面前，成人需要考虑的是，它们能为自己带来幸福吗？对于今天的生活来说，一切不能给人带来幸福生活的事物都是虚伪的，没有长久存在的必要。在物欲横飞的社会中，人人都追求享受，但这赤裸裸的享受真的就是幸福的本质吗？其实，我们依然需要孩子一样的心态。成人喜欢享受，但孩子极少有这种想法，他们喜欢在紧张的学习中偷偷懒，而这一过程是多么美妙的享受啊！成人比孩子更有堕落倾向，这是世界普遍存在的现象。因此，成人有必要开一堂学习孩子心态的课程。

当我们在上班时，是否会想：今天不是为了完成任务，而是为了赢得一个好心情，然后传递给自己的亲人、朋友和同事，为大家带来一个明媚的心情。如果我们都有这样的心态，相信我们离幸福就不远了。当一个孩子发出一串爽朗的笑声时，你会发现，他无意识地为周围的人带来了快乐，并让自己快乐。这就是一种幸福，它来自于自己的内心，也来自于别人的快乐反应。不得不说，要想获得幸福生活，就必须将生活看成一个制造幸福的熔炉。你的一举一动都将纳入制造幸福的过程中。就像孩子一样，做一件事要为自己带来快乐和幸福的心灵享受，即使是对自己无好处，也会去做。这样，幸福就时刻在我们身边。

　　无论做什么事，我们都缺少一颗孩子般的心灵。这就是许多人找不到幸福的原因，当你衡量一件事情是否是让你产生幸福时，那你就在接近幸福；当你衡量一件事情时，总是顾及自己的经济利益、名誉和地位时，那你将很难幸福。始终保持一种孩子般的心态，并做出成人的事业和成就，那我们的生活质量会极大提高。在这种情况下，我们才能发现幸福。在现实生活中，很多人认为幸福是缥缈的目标，它只能憧憬，不能拥有。这是错误的，只要我们用心发现，用心经营，幸福其实就在我们身边。

第三节
幸福自己说了算

今天，我们评定一个人是否幸福，往往要看他的社会因素。例如，就一个白领来说，年薪达不到十万是不幸福的；一个领导，没有扩大自己的团队是不幸福的；一个学生，没有取得比前年更好的成绩，那他是不幸福的。有时，我们用很客观的视角来评价一个人是否幸福。事实上，这样很容易让我产生不幸福感。现在，越来越多的人认为一个人幸福的标准是获得了多少物质享受，获得了多大的社会回报。这在一个发达而成熟的社会中是很危险的现象。说大点，它会威胁到一个国家、一个民族的整体素质；说小点，它会葬送一个人一生的幸福生活。

在上海，有个叫晓勇的大学生，家庭和个人条件中等，刚刚从复旦大学教育学院毕业。由于学习成绩优秀，他留校做了辅导员。本来，这种生活应该很安逸，很幸福，但他的父母却认为，辅导员工资太低，将来买不起房子。晓勇却认为，这样的生活很好，自己生活有保障，还可以从事自己心爱的教育工作，很不错，很幸福。

但父母始终认为晓勇不幸福，不能再让自己的儿子继续当老师了。

一年之后，父母给晓勇说了门亲事，对象是一个富商的女儿。第一次见面，晓勇就对富商的女儿说道："我工作稳定，有自己热爱的事业，你能接受我吗？"富商的女儿笑了笑道："可以啊！我爸说了，男孩子要有出息，做一辈子老师有什么出息呢？"晓勇顿时很吃惊，认为父母不应该介绍这个女朋友给他。晚上，晓勇对父母说起这事，父亲忙上前道："晓勇，你现在的生活并不幸福，应该追求更好、更高远的生活。"晓勇差点儿哭出来，说道："妈！一辈子做老师是我的理想。"母亲睁大眼睛道："不行，你女朋友说了，你如果辞职去她家公司，她妈妈愿意为你们买套房子。"晓勇很伤心，第一次反抗母亲，说道："不！我就不辞职，有钱有什么了不起？"父亲马上站起来，狠狠地给了他一记耳光，怒声道："这事由不得你，我们说了算。"晓勇顿时痛哭起来。

半年之后，晓勇在父母的逼迫下，离开学校，带着哭泣的心与富商的女儿结婚。几天之后，晓勇穿着笔挺的西装来到她家的公司上班。坐在办公室里，晓勇无所适从，一个人无聊地对着电脑。渐渐的，晓勇的工作压力大了，开始加班。半年之后，晓勇彻底变了，他开始整天喝酒，与客户交谈，然后在办公室工作到深夜。母亲见他这样，高兴起来，对他说道："儿子，现在好了，你能赚大钱了，我们的生活都幸福起来了。"晓勇却狠狠地一甩手，不屑地道："什么啊？这样下去我会累死，更没幸福可言。"母亲见他这样，很生气，看看现实情况，儿子已成为半个老板，火气就消退了许多，还是以笑脸面对儿子。

5年之后，晓勇已成功管理富商家的大公司。这一年，金融危机爆发，晓勇的公司受到重创，面临倒闭的命运。晓勇夜以继日地工作，整天游走于高管富商之中。后来，由于过度劳累，昏倒在办公室里。母亲急忙将他送到医院，医生诊断出的结果是：劳累过度，导致心脏急剧收缩，如果晚来一步，晓勇将丢掉性命。医生最后对晓勇母亲说："生意是重要，但注意休息，提高一下生活质量也是必要的。"晓勇的母亲顿时失声痛哭起来。

　　躺在病床上的晓勇很焦急，招呼身边人去做这做那，母亲心疼地走过来说："儿子，你别忙了，不要命了？"晓勇苦笑道："妈！就是痛苦到死，我也要挽救公司啊！"在医院里一边治病，晓勇一边指挥公司运作，最终将公司挽救回来。但是，医生嘱咐他，不能再过度劳累，否则有随时猝死的可能。晓勇笑道："当年我是幸福的，但妈妈认为我不幸福；今天，我认为是不幸福的，妈妈却认为是幸福。让我做下去吧！"这时，母亲大声喊道："好了！儿子，我们不是富商了，我们还回学校当老师，让你过你自己的生活。"晓勇的泪水马上落了下来，说道："一切都已晚了，我们就这样坚持一下这不幸中的幸福吧！"

　　从这个故事中我们能看出，幸福是一个主观判断的目标。在现实中，自己有时觉得幸福，但别人却觉得我们不幸福。就这一点来说，幸福是相对的。它往往要针对某个人或某件事，甚至对某段时光进行比较性的判断。像故事里的晓勇，他认为做老师，将一辈子献给教育事业是他人生莫大的享受，是幸福的。但他身边的人却不这样认为，他们认为只有当老板，赚更多的钱才是幸福的。这就使两种价值观产生了激烈冲突。这告诉我们，幸福是极为主观的东西。当一个人认为自己是幸福的时，别人无法认同，这往往是自己的实力或影响力不够，让外界对你产生歧义。当一个人认为生活是幸福的时，而且别人也这样认为时，那这个人往往就能获得生活和事业上的成功。这是一个必然的过程。

　　曾几何时，财富成了当今时代成功的代言。本人认为人活着追求的是幸福，而不是财富。成功从来就是个社会概念，判定成功与否，从来只有社会标准，仅仅自己觉得成功不是成功，大家觉得成功才是成功。但幸福完全不同，幸福是个体的内心体验，别人觉得我们幸福，我们不一定真幸福，我们只是不希望别人觉得我们不幸福而已；别人觉得我们不幸福，我们不一定真的不幸福，我们只是懒得或不懂得与身边的人去分享只属于我们的幸福而已。

因为郁闷不可能是幸福，所以我们总是寻求快乐。这个快乐是自己内心体验的快乐，不是别人看着的快乐。当我们寻求的快乐是别人看着的快乐时，我们就必须走向成功，因为只有成功可以让人感觉我们是快乐的。当我们需求的快乐是自己内心体验的快乐时，我们也许走向成功，假如成功是我们内心体验快乐的结果；我们也许不会走向成功，因为成功与我们的快乐无关。

获得快乐有两个基础。一是健康，生命的本能是呼唤健康，从而不值得为任何事情去放弃健康、损害健康、牺牲健康，如果必须以健康为妥协去获得成功，那就放弃成功。二是自由，自由就是选择，我们可以选择，即做自己喜欢做的事，并做得出色，从而成功，这种成功增加我们的快乐；我们也可以选择放弃，即照顾社会价值理念，选择做自己不喜欢做的事，并努力做好，从而成功，这种成功带来荣耀，却不增加我们的快乐。虽然我们或许无法改变大众受媒体影响而形成的成功概念，但我们却可以定义自己的成功人生。

只要健康着、自由着、快乐着，不成功又怎样？假如健康不再、自由受限、郁郁寡欢，成功又怎样？在个性需要妥协到几乎泯灭的社会，人们从来不展示自己的能力、知识和精神世界。我们多次顺从潮流，放弃自我。当社会已经给了我们多样选择的可能时，我们要再一次守望成功，却仅仅是让人为了成功而去寻求成功。

成功是每个人都向往的，但每种成功都有不同的表现形式。就这一点来说，成功会让人痛苦，也会让人快乐。这两者加在一起，才是真正的幸福。当一个人用所有苦痛换来成功，并感受不到快乐时，只有别人认为他是幸福的，而他自己却认为，这是一种实实在在的痛苦，并无幸福可言。所以说，幸福更多的是主观判断，外界判断是一种表现，却不是实质。只有自己感受到幸福，才是真正的幸福。当自己不知道幸福，而别人认为自己是幸福的时候，那也是一种不幸福。

如果故事中的晓勇能主观一点，将自己的幸福生活坚持到底，相信就不会有后来的结果。别人的判断只是一种参考，父母的左右只是一种牵制力，不能构成自己现实生活的主体。在这种情况下，主观的判断和自身的心理成熟度往往会起很大的作用。今天，中国的年轻人，尤其是"80后"的心理成熟度普遍不高，所以在追求幸福生活的道路上，还有很长的路要走，但心中始终记住一个信条：幸福自己说了算。无论怎么样，世界是变化的，唯一能被自己控制并保持不变的，就是内心判断力。要想保持幸福生活，我们必须保持内心的恒一。

第四节
幸福像云　人生须定

从前有人说与家人在一起，享受着自然给自己带来的生活品位就是最幸福的。是啊！有家人，有迤逦的自然风光，生活的确很幸福。但殊不知，风景不是天天有，家人不是天天在身边。可谓天有不测风云，今天你能看到湛蓝的天空，美丽的白云，明天说不定就是阴云密布，风雨交加。这样，我们的心情还会好起来吗？我们会发现，自己美好而幸福的生活会因为种种不确定因素而被彻底打破。这是一种常态的生活，也是一种让人百般无奈的感受。

今天，中国社会飞速发展，真正能获得因国家发展而带来的好处的人越来越多，中国人惊奇地发现，从前缥缈不定的生活越来越稳定，自己不用到处奔波，不用起早贪黑地忙于琐事。随着科学技术的进步，中国人在生活中越来越离不开高科技产品。做饭可以用电饭锅，炒菜可以用抽油烟机，甚至生病时不用上医院，买台理疗仪器就可轻松治病。凡此种种告诉我们，中国人的生活已越来越稳定。但现在有一个问题摆在我们面前：生活稳定就有幸福吗？带着这个问题，我们来进行深入探讨。

很多人认为，生活稳定会为自己带来幸福。事实上，这也是相对的。相当一部分中国人认为，越有钱的人生活越紧张，越能获得稳定经济收入的人社会恐慌感越强。的确，这是有一定根据的。在中国，国家处于高速发展期，经济结构正在转型。在这一大背景之下，国人的生活质量在不断提升。但是，虽然经济上好过一些，而经济结构正在转型，也就是说，个人的赚钱手段和方式如果不改变，或顺应时代的发展，那在未来的几年内，他很可能就会沦为穷人。

在这种情况下，中国人产生一种错误的观念：有钱人越来越不幸福，穷人越来越幸福。而且，收入多的人总是担惊受怕，他们的工资和收入受整体经济的影响非常之大，整天担心物价上涨和通货膨胀等问题。还有人认为，这些人的生活就像飘浮在天空中的云彩，虽然很美丽、很诱人，却缥缈不定，让人捉摸不透。因此，很多国人，甚至是专家提出，生活环境虽然缥缈不定，但我们应该把握自己的人生，让自己淡定下来，然后以主观的意志力来改变一些不和谐、不美好，甚至是不幸福的观念，从而实现自己一生幸福的目标。

这一点，很适合美国著名心理学家塞利格曼的理论。他认为，人的幸福需要有稳定性，这才是真正的幸福，制约这一幸福的因素主要有三方面，即先天性遗传因素、生活的社会环境和个人自我控制的心理力量。就这三点来看，中国人需要认真思考，然后观察自己生活的世界是否幸福，或者是自己的生活是否幸福。根据塞利格曼的研究，这三点对人的幸福至关重要，而且是最全面的影响范畴，是最科学、最有代表性的学说。

就先天性遗传因素来说，这是个人无法改变的，起码是难以改变的。有人天生感性，判断能力弱，不喜欢热闹，性格孤僻等，造成他们不能理性地生活，甚至不能产生起码的社会责任感和社交能力,遇到困难总是打退堂鼓,不自信,没有主动消灭困难的动机等,这都是他们生活不幸福的原因。这种人要想获得幸福生活,往往完全凭实力,并不用所谓的"软实力"征服世界。他们要么整天沉浸在痛苦之中,要么整天处于幸福状态之中,表现出极端的生活倾向。

至于生活的社会环境,这是一个宽泛而广博的范畴,涉及政治、经济、教育、文化和民生等方面。在一个社会内,国家的政策往往对国人的生活产生深远影响。因此,执政者的能力、品行和工作风格往往决定着国人的生活状况。长期来看,如果国家政策调整过快,势必影响到国人的现实生活,存在正反两面的影响。就目前的中国来看,国家对国人产生的影响基本上是正面的、积极的。执政集团是影响国人生活最明显的一个群体,主要表现在国家政策和执政方针上,属政治层面上的影响。在经济层面上,整体经济的运转越来越系统,中国人的生活紧密地捆绑在国家经济之上,房价、金价和油价越来越牵动人们的生活。通货膨胀每个时代都有,但中国人总是渴望物价不要再涨,工资可以更高。经济层面上的影响对人们的生活的作用越来越大,这主要表现在国家经济的发达程度上。

教育对人们的影响也很深远,它直接决定着人们的素质。如果社会教育工作者优秀,受教育的人就会在内心产生剧烈火花,这种变化往往能冲破先天性遗传因素的制约,让一个人的生活彻底突破固有的局限。教育是重中之重的事情。文化对人的影响主要表现在表面层面上。一个国家综合实力的强大和国力的强盛,完全表现在文化上。当今中国,经济大繁荣促进了文化大繁荣,人们的生活水平得到极大提高。这都是文化作用的结果,但是,国家文化发展制度还有待完善,中国底层平民还很少接触国家一流的文化服务。因此,文化决定着中国人生活的质量,与幸福产生直接联系。民生对人们的作用更为明显，它主要与国家政策捆绑在一起，对人产生全方位影响。在中国，民生建设是一个系统工程，很多人因为经济的发展而获得了更多的民生支持。中国老年人从此有了最低生活保障，国人彻底抛弃了以往"老无所养"的局面。现在的中国，一些患有慢性病、重度残疾等病症的群体开始领取救济金，这是中国民生建设的巨大进步。但它还在起步和探索阶段，并未因此发生深层次的变化。

最后，述及个人自我控制的心理力量时，我们可以这样理解，仍在主观上对客观世界的判断，即一个客观事物本来是什么面目，我们在主观上加以控制，并做出不同的判断。这一点，主观能力越强的人越能控制。在生活中，我们会遇到种种不顺心的事，但只要我们在心理上加以控制，并产生满足于自己心理的认识之后，一切都会变得好起来，根本不需要改变固有的现状；在工作中，如果我们不能超额完成任务，没有实现自己的目标，请退一步想，自己成绩已不错，老板看到会表扬我，同事会羡慕我。这样想，所有的不快乐就会消失。因此，无论是生活还是工作，我们只要在主观上进行简单的心理控制，就会实现自己拥有幸福生活的理想。心理因素是完全主观的因素，而且与幸福的产生有密切关系。对一般人来说，他们都认为幸福是幸福体验，完全是一种心理判断。现在不论这种观点是否正确，它已说明一个道理，那就是幸福是一种主观判断。因此，对心理进行合理控制，那外界将会产生翻天覆地的变化。起码，客观上的世界会表现出另外一面，让人产生和谐、幸福的感受。

在以上三点因素的作用之下，社会给人们的幸福感会产生不同程度的变化。如果一个人或一个社会都能完美做到以上三点，那他或它就是一个幸福的人、一个幸福的社会。就个人来说，幸福的产生主要受以上三点制约，它主要表现在一个人的社交能力上。在一个社会内，一个幸福的人往往是社交能手。幸福的人的社交能力总是比不幸福的人强上百倍。人与人交往能让人产生丰富的情感，并长期沉浸在幸福之中。这主要表现在婚姻上，很多人认为，善于社交的人更容易获得异性的好感，更容易结婚。根据相关调查，已婚人士比未婚人士的生活要幸福。根据塞利格曼的研究，越幸福的人越善于社交，这与学历、社会背景和知识结构的关系不是很大。很多高学历的白领整天抱怨自己的生活一团糟，他们并不比低学历者生活好多少。

在财富上，越来越多的人认同财富是决定人幸福与否的重要因素。事实上，这也是不正确的。就中国而言，一切都在转型，大部分人的生活处于短期稳定之中，不能获得一生的稳定。因此，财富多少也不能决定一个人的幸福指数。就像天空的云彩一样，表面上它很美，但缺乏稳定性，稍纵即逝。所以，我们应该将幸福看作浮云，而人生就是一个舞台，它需要更多的稳定性，这样才能显现出它的美好来。

第五节
用心的人最幸福

今天,中国社会已不缺乏人才,就社会本身来说,这是一个积极的讯号,但对个人来说,这无疑是一个坏消息。因为人才的泛滥,让每个人难觅工作。甚至面临衣食无周的生活。我们还能发现,人才的概念随人的心理变化而变化。三四十年前,人们认为能识字就是人才;二十年前,人们认为大学生都是人才;十年前,人们认为研究生才是人才;当今,人们认为能获得巨额财富,并在社会上产生强烈影响的人才是人才。由此可见,人才的概念在不断升级。从客观上分析,这是社会进步的结果。从主观上分析,这是人的欲望不断满足的结果,真可谓"这山望着那山高"。

在这种激烈竞争的人才市场上,每个人都应该有正确的心态。这样正确的心态应该怎么塑造呢?其实很简单,就是要树立一种认真的心态,对一切事情都一丝不苟,而且不问别人做得优劣,只要自己在进步,自己在不断地提高认识,那我们的生活和工作都会提升,进而产生深层次的幸福感。无论做什么事情,一开始的认真态度总是最经典的。一家工厂里，有个叫张帅的男孩，他常年被评为厂劳动模范。当记者问他成功的秘诀时，他淡淡一笑，说道："没什么，就是始终如一地坚持开始时的认真和用心劲儿，一切工作都会做得尽善尽美的"。

由此可见，做一件事要认真、要用心，这是最关键的，是我们获得长期幸福的源泉。从前，有两个小朋友，老师让他们数数，一个小孩一口气能数到二十，另一个孩子很慢，跟不上。后来，老师让他们一起数，数到五百。聪明的孩子又一口气数到二十，但再往下数就困难了。而笨拙的孩子慢条斯理地数着，不停地转动眼珠，半天下来，他竟然数完了。在场的同学们都很惊讶，老师却微笑地告诉他们：这是因为笨同学用心，所以他才会完成任务。这时，老师将他抱起，热切地亲吻了他，小朋友高兴到了极点。从此，他在学习上更自信，成绩越来越好，幸福得不得了。

从这个故事中我们能看出，幸福是被挖掘的，当我们的生活、工作和学习遇到困难时，不能因为心理上的挫折而向现实低头。幸福的人生应该是这样：当困难和自满骄傲情绪到来时，我们能主观地形成一种积极的、进步的认识，并在实施行为时保持清醒认识和用心的态度。这样，你的人生一定会好起来，你所拥有的生活范围会扩大，你所享受的生活质量会提高。这些综合因素全面提升了，你的生活自然就会幸福起来，而这种幸福的基础就是用心做事，用心做人，用心面对一切困难。从心理学的角度来说，"用心"就是一种认真的态度。它往往与人的心理素质、生活习惯以及思维习惯等因素产生密切联系。是一种较为复杂的心理反应。

在做同一件事时，有人会感到烦躁，有人会觉得如鱼得水，游刃有余。这就是心理素质问题。通过一件事、两件事不能说明这种现象，但几件事，或者经历大量的事情之后，我们会明显地发现，不厌其烦做事的人的心理素质很过硬；反之，有些人的心理素质比较差，在社会上不能成就事业，更不必说扬名立万了。

还有一种能影响用心因素的就是生活习惯。生活习惯一般是长年培养形成的，往往决定着一个人的职业、工作态度和能力。例如，一个生活在教师家庭的孩子，他更喜欢教育事业，甚至是为人师长的自豪感。如果让他去下海做生意，那他怎么也不会产生满足感和幸福感。相反，让他进一所著名大学，从事教育与研究工作，他会无比幸福，并用心地工作。反过来也一样，让一个出身商人家庭的孩子去做慈善事业，现实可能性并不大。就算行，他也不会产生幸福感，更不会用心工作。

另一种左右人们是否用心工作的因素是思维习惯，这一点至关重要。现实生活中，有人感性，有人理性，他们的思维方式都不一样。有人认为逻辑推理是最科学的思维，但有的人却认为，感性判断是提高生活质量的基础，可以彰显人性的魅力。你是一个科学家，就很少在艺术上钻研，因为一个人的能力不可能面面俱到；做艺术的人更不可能在科学上有所建树，与前面是一个道理。还有一种现状，当人的固有思维形成之后，他就很难跳出来，形成新的思维方式。这样，人们就形成了自己的做事风格，而且无法改变。在这种情况下，人们会自己选择喜欢做的事，并对自己喜欢的事情用心。这是很自然的事，因此，思维习惯左右着我们的生活和工作习惯。而思维习惯的形成是一个极其复杂的过程，一般人很难了解。社会是不断变化的，人的心理也是不断变化的。这两者互相作用，使得一个人的性格和思维处于一种异常复杂的环境中，有一点可以确定，那就是人因思维习惯而选择一种生活和工作方式。

根据塞利格曼的观点，幸福的产生是一个综合性的复杂过程。事实上，这一复杂过程正在一点一点地被人类掌握。它首先从动物学的角度被提出来，然后再应用于人类社会。大量研究告诉我们，影响幸福存在的因素十分复杂，但排在首例的有：令人满意的工作，避免消极情绪和负面事件的产生，结婚以及拥有丰富的社会网络资源。这些是形成个人幸福观的重要因素，但并不是仅有的，还有感激之情、仁慈之心以及乐观主义精神，等等。尤其是客观主义精神，在一个人的生活和工作中，会对幸福产生直接作用。

生活不可能一帆风顺，工作也一样，当不能同时兼顾生活与工作时，你会感到烦恼，甚至对生活失去信心，对工作充满绝望。这是一种事实，但事实并不能直接冲击我们的情感。它是通过一种心理反应来达到刺激人心，改变人的态度的。但我们可以转变观念，让阴霾和晦涩全部消失，建立一种积极乐观的精神。事实上，这与用心做事也有直接关系。如果在处理意见的过程中，我们用心了，而不是马马虎虎，敷衍了事。就算结果异常严峻，我们也会坦然面对，不会产生抵制情绪，甚至是逆反心理。

因此，我们要获得生活上的满足感和事业上的成就感，就必须事事用心，时时用心，以此来建立强大的心理基础，不让自己产生过度失望和过度自卑的情绪。还有一点，那就是幸福的人总是主动做事，并发现其中的乐趣，用心尽心地工作。而在今天的社会上，很多人认为自己不幸福，是因为他们没有找到理想的职业，或者未在理想的职业上发奋努力，用心追求。这就是导致大部分人认为自己不幸福的原因。我们可以不追随，但我们绝对不能不追求。在人生的道路上，追求越多，生活越有滋味，社会进步越明显。当我们衡量一个人是否幸福时，首先看他是否有所追求，之后，再看更深层次的追求方式。这可能是个复杂的过程，但有一点是永恒不变的，那就是你在追求一件事物时是否用心，是否怀有一颗一丝不苟的专心。

用心做事是通向幸福的阶梯，同样，也是一种幸福的表现。就这一点来说，中国人的素质往往就被捆绑在这里。人人都知道，中国是个文化大国，历史悠久，所以它很重视社会繁荣之上的文化。而个人文化素质的体现，就在于做事的态度上。一个人能认真地完成一项复杂的工作，往往需要强大的知识储备和超人的心理素质。这里的心理素质，全部都表现在做事的用心程度上。用心做事的人更受别人欢迎，并能赢得一定的社会声望。所以这样的人是幸福的。幸福会强烈刺激心灵，再次产生用心做事的态度。这样的良性循环，就是幸福生活的最高形式。它能保证一个人持久稳定地获得幸福。

生活是一台异常复杂的机器，当我们开始操纵它，并以它为生命的全部时，不用心是不行的。今天，很多人认为自己生活得不幸福，主要就是因为他们在寻找幸福的同时，没有找到正确的道路。当我们认真面对一切，并用心对待一切时，我们会发现，实际上的一切都不残酷、不复杂，也不可怕，就算我们失去了它，或者失败了，我们也是幸福的，因为我们可以自豪地告诉别人："做这件事，我用心了"。

第二章
占有欲——幸福杀手

第一节
幸福其实有天大

在过去几千年的时间里,人们总是认为"民以食为天"。这句话本来没有错,但在当今的社会里,我们会发现,它已不适应时代的发展了。今天,中国人已彻底解决温饱问题,经济实力大为增强。在这种情况下,中国人不再为生存而奔波,更多的是为提高生活质量、享受社会给自己带来的便利和物质享受而奋斗。在一些发达地区,或一些大城市,人民的生活压力越来越大,他们玩的时间越来越少,坐在办公室里的时间越来越多;他在家吃饭的机会越来越少,在外吃公务餐的条件越来越好;他们回家做家务的概率越来越低,而在办公室里打扫卫生的情况不断出现。因此,忙碌中的人们更看重自己身心的健康。在他们眼里,健康是最大的,甚至超越自己的工作和事业,成为劳碌者们最关心的话题。

健康是什么?就是一个人在身体、精神和社会等方面都处于良好的状态。这一定义是根据世界卫生组织(World Health Organization 简称 WHO)提出的概念,即健康不仅是躯体没有疾病,还要具备健康的心理、良好的社会适应能力和道德等。就这一点来说，健康是生活质量的基础，更是幸福生活的保障。健康是建立在温饱之上的生活状态，但现实是，中国人已解决温饱问题，却没有真正实现健康的目标。因此，这与当今社会的发展产生了剧烈摩擦，使得很多人在事业上受挫，在生活上受苦。在这种严峻的形势之下，地方机构和中央级组织开始不断点查人们的生活状况，最后进行总结，其结果是中国人的生活不太健康。为此，中国政府已提出"幸福社会"的概念。在这一积极讯号的影响下，人们开始第一次有意识地追求一种更理想的生活：幸福生活。

其实，健康与幸福之间也存在着某种密不可分的联系。在现实生活中，一个人快乐的基础不但有成功、收获、满足和被关怀，还有一个重要的因素，那就是健康。老一辈无产阶级革命家说得好，"身体是革命的本钱"。殊不知，没有了身体，人生还能享受什么？但身体又是最普通、最不起眼的一种基础，常常被人忽略掉。今天，中国人已走上更平坦的经济发展道路，人们口袋里的钱越来越多。他们不再为金钱而苦恼，不再为生活而终日忧心忡忡。人们越来越关心与自己切身利益相关的事物。当外界对他们不再产生诱惑感和占有欲时，他们的内心就强大起来。这主要表现在对自己利益的考虑，而且是自我内部利益。首先，他们会考虑自己的身体状况。毕竟，"身体是革命的本钱"。没有身体，什么也谈不上。

由此可见，身体是人生享受的最基础部分，要实现一切满足和愉悦，没有身体是万万不成的。在这种情况下，健康问题被提升到前所未有的高度，它与快乐一起，构成一个人身体与精神两方面的最基本部分。快乐有时也与健康建立关联，并在健康的基础之上产生快乐。此时，我们能做出这样的论断：健康与快乐是幸福生活的两大基础，但快乐有时也需要建立在健康之上。所以，幸福生活的主要因素是健康，快乐只是一种精神刺激，是健康之上的建筑。

健康是人一生中的重中之重，而幸福更是至关重要。这说明幸福比任何事物都要重要，幸福是高品质人生的头等大事，说小点，它可以让人一生幸福；说大点，它可以左右一个社会的发展。因此，我们再次论断：幸福是比健康更大的事。

幸福究竟怎么产生呢？这一点，我们需要认真思考。有人说，有钱、有房、有车就是幸福。但是，没有健康你能幸福吗？所以有人说，健康的生活就是幸福生活。关于这一论断，也是值得商榷的。就目前的情况来看，健康的人的确有更多的幸福，但人的心理千变万化，稍微不小心，或放纵一下，我们的幸福感就会消失。因此，健康的生活还需要一种成熟的认知做后盾。这样，幸福才能长久地存在于我们身边，进而影响我们的一生。

健康分为生理健康和心理健康两种，上面述及的都是生理健康。随着中国经济的繁荣，国人生活水平的攀升，生理健康的人越来越多，但种种病症也层出不穷。就总体形势来看，越来越多的人因生理健康而获得了幸福。而心理方面呢？这需要长期关注，并针对每个人进行不同的辅导。这一点，主要表现在人们对外界事物的认知上。从前，有位心理学家做过这样一个实验。他在一张桌子上放了一只酒杯，里面装满半瓶啤酒，旁边放一只空酒瓶。第一个实验者看到，很高兴，忍不住说道："真好，竟然还有半瓶啤酒，杯子也是满的。"他显得很高兴。第二个实验者看到之后，皱眉诉苦道："怎么就剩半瓶啤酒，而且瓶子都空了。"说完，心中的愁苦马上显现在脸上。

从这个实验中我们能看出，在判断一件事时，我们完全没有左右心理对外界的认知，并产生相应的心理反应。这有时是一种本能，但有时需要自身有意识地改变。现实生活中，不顺心的事往往是通过认知上的差错产生的。任何事物都有两面性，如果我们只看到一面，那是认知上的局限，无法改变。但我们可以有意识地发现，并通过长时间的整理判断，形成一套适合自己身心和思维习惯的认知思路。这对于获得幸福有至关重要的作用。更重要的是，认知的产生能对思想和行为产生决定性影响，思想与心理健康密切相关，而行为与生理健康有必然联系。也就是说，认知的是思想与行为相互统一的纽带。

对于一个幸福的人来说，他认识一件事物时，总是正确的，而且带有强烈的适应味道。也就是符合自己的性格、心理特征，最后使自己产生强烈的自信和振奋精神。这些人往往能幸福一生。如果没了幸福，他们会想方设法寻找幸福，因为在人生中，没有什么比幸福生活更崇高、更实用的了。当幸福的人遇到认知错误时，他们会选择交流、辩论或更换环境改变心态等方式来改变自己的认知点。例如，一个中年人追求尽善尽美，但结果却一团糟，他心中产生自己"绝对无能"的判断，甚至是绝望。如果他不调整心态，那他将很难获得幸福，一生将非常困苦。有的教师，一向表现优异，但因一次上课时说错了一句话，心中就产生悲观情绪，认为自己的前途全毁了，自己是个无能的人等。但外界对他却没有如此强烈的反应。如果长期自卑，势必会影响到自己一生的幸福。

在认知上，我们常常犯的错是主观臆断。这往往让很多人吃尽苦头。这种人疑心很重，而且不会轻易相信人，自我保护意识过分，常常无中生有。例如，当你在大街上，看到同事从你身边走过，却没有打招呼。正确的心态是：今天他怎么了？这么忙！而主观臆断的人往往怀疑自己有什么地方得罪他了，甚至认为对方对自己产生了仇恨。这一来，两人之间的关系自然会恶化，使得你在他面前处处小心，甚至影响到你在公司中的形象。再例如，某日，你丢了

700元钱，心中产生剧烈反应，从此认为7是你生命中不吉利的数字，致使你不坐7路公交车，不买7元物品，7号不外出，甚至杂志的第7页你也不看。这就是明显的臆断，没有科学根据，而且影响你的正常生活，其中造成的不便，更不待说。更无从说起幸福生活了。

更可怕的是，有的人认为不能获得幸福是因为自己思考过分。他们认为，整天想着过幸福生活，反而让自己离幸福更远。事实上，这是因为他们没有寻找方法，而是空洞地设想一种理想的幸福生活。没有实现的路径，当然是空洞的，可望而不可即的。

如果一个人的生活一团糟，就无从谈及事业成功，无从谈起家庭和睦，更谈不上对他人真诚、豁达。健康是获得幸福生活的最基本条件，而快乐是健康身体和健全心理给予生活的外在表现。当生存不再是我们考虑的问题时，幸福地生活就变成了人们社会活动和行为中的重中之重。从前，中国人认为"民以食为天"，今天，中国人却用另一种不同的方式告诉世界，真正要成为生活的主宰，就必须掌握幸福，并与之一生相伴，正所谓"民以幸福为天"。一个需要进步的社会，一个需要被打造成天堂的理想社会，一个渴望成为合格社会成员的人，必须看到：幸福其实有天大。

第二节
拥有一切不等于幸福

对于今天的社会来说，能让每位社会成员享受到高品质的物质消费才算成功。对于一个国家来说，人们能获得高品质消费的同时，还要有"国"的荣誉感和"家"的幸福感。因此，作为一个国家内的成员，我们必须承认自己是"国"的一分子，然后才再表现"家"的温暖。作为一个普通国人，我们往往更愿意提及"家"的温暖。在这种情况下，"家"的意义被扩大，让越来越多的人认为，"家和"可以带来"国兴"；"家和"可以让社会处于一种高度的繁荣之中。在这里，我们将重点强调"家"的作用，也就是人们幸福的表现和什么样的事物与生活可以为我们带来幸福。

所谓"家"的幸福，国人今天的理解是：只有个体家庭幸福了，大家庭（国家）才能幸福。这样，人人都能幸福。也就是说，传统意义上的幸福已被扩大，并上升到国家层面。进入21世纪之后，中国人不再单纯地关心国家政治，而是有选择性地关心。这主要表现在国家政治对切身利益的影响。在中国市场经济体制基本上完善的情况下,由于是金融现代化建设推进,中国政府一项政策往往牵动全国人民的切身利益。在这种情况下,国人要想追求生活幸福,就必须关心一些与自己切身利益相关的国家政策。

因此,"家"被政策捆绑起来,形成国家系统。在这个大系统内,中国人史无前例地感觉到,要获得幸福就要关心国家政策,甚至是国家命运,这样才能完善自己的生活。经济大发展之后,中国人的生活条件得到极大改善。中国基本上消除文盲,解决了温饱问题,实现了四个现代化。人人过上安逸稳定的生活,人民知识和文化素养达到一个相当高的水品。可以说,从前食不果腹的老一代人也能过上"饭来张口,衣来伸手"的生活。在这种情况下,中国人在物质上再无太大追求。他们渴望得到的,就是体验生活给自己带来的感受。这其中有苦也有乐,其最高表达方式和最易让人接受的就是幸福。现在的问题是:在物质极大丰富的世界里,人们能获得生活幸福吗?这是每个国民都关心的问题,也是每个国家管理者的实践内容。

在政府的大力推动下,中国社会于2006年前后对"社会幸福感"进行了热烈探讨。社会上研究主观幸福的议题层出不穷。其主要调查方式是问卷调查,根据不同人群的不同心理,"社会幸福感"调查问卷差异很大。其目标只有一个,总结出中国社会公民的生活质量,是否能称得上"幸福社会""幸福城市""幸福家庭"等。

我们从大同小异的调查中发现,幸福有很强烈的相对性,即理论上所称的"心理参照系"。很多人想当然地认为,获得了你想获得的东西就是幸福的。事实上,这一论断是站不住脚的。据心理学研究的成果来看,很多人能过衣食无忧的生活,家庭和睦,子女孝顺,声誉俱佳,但始终感觉没有幸福。有人说这是庸人自扰。其实,这是导致很多人主观认为不幸福的原因之一。在一个复杂的环境内，或一个系统内，人的进步往往是比较出来的。当自己在进步时，你就会感到幸福，但你发现你的同事、你的同学进步得比你更快，你就会产生压力，并认为自己不优秀，产生自卑自责的低落情绪。这样，幸福就离你远去。在你没有超越参照物之前，你不会产生愉悦心理，更谈不上幸福。

这就让我们相信，获得幸福的人一定是永远的第一。事实却不是这样，当你成为第一时，第二就会向你发起冲击，即使你获得了一切，甚至超越了自己，但你还是有压力，因为变化的世界不会产生永恒的第一。被超越之后，即使你能拥抱整个世界，你一样不会感到幸福。

当你享受物质生活时，你也可能没有幸福感。根据人的心理现象判断，人心本能地有一种不满足感，即使你获得了成功，但你还是认为自己做得不好。这就是影响人们社会幸福的另一个因素——"成就动机程度"。就字面意思理解，"成就动机程度"就是预定目标实现之后，自身判断上产生动摇，将成就成果低估，造成自己产生强烈的不幸福感。这样的例子在社会上有很多。在大街上，随便找个上班族问问，你有成就感吗？如果他说没有成就感，追问一下，他一定会说："我的目标是赚大钱，买房买车。"事实上，能有一份稳定工作，过上班族的生活是很多人向往的，但他们认为自己没成就。这主要是因为他们低估了预期目标。当一切都实现之时，他们竟产生巨大的失落感，何谈幸福？

所以，当一个人拥有一切时都产生不了幸福，那也是正常的。从以上分析我们能看出，一个人在成就事业的道路上，没有一个相对科学的判断标准，那他身边将很少出现幸福。相反，如果高估了你的成就感，虽然能获得一时的幸福感，自己树立更远大的目标，并继续高估时,那你将更痛苦,因为凭你的能力根本无法实现下一个目标。所以,有一个科学的判断能力对于保持生活幸福很重要。在你获得成功那一刻,你可以拥有一切,可以获得鲜花和掌声。如果你认为理想已实现,根本不是你认为的那样高尚,会产生一种莫名的失望。这也是导致很多人在获得成功、获得一切物质和精神财富的情况下,依然没有幸福的主要原因。很多专家建议,对于你的人生,要有一个坚定的立场,一开始认为崇高的理想实现了,那一刻你是一个无与伦比的成功者,适当调整心态。这样,生活会过得更顺,更有幸福感。

在一个家庭里,每个成员都会树立一种可靠的形象。也就是说,一个人在一个环境内要树立一个让别人产生信任感的威望,这是幸福的重要源泉。给别人的信任感形成过程复杂,往往需要实现个体自身对自我认同,而且要产生连续性。自我认同感连续不断时,个人整体形象就树立起来,让人对你产生信任感,这是每个人都在追求的幸福。现实中,一个人获得别人信任的因素很多,很多与工作能力、收入状况、家庭条件以及知识多少有关。但这不是绝对的,由于每个人的生活背景不同,他们的做人方式不同,语言表达和思想认识都不同,所以又常常出现穷人的幸福感比富人强的观点。

之所以会这样,主要因为中国社会不但出现了贫富差距,而且出现了精神隔离,即富人与穷人之间共同语言越来越少,甚至产生矛盾现象。在过去10年中,中国人在经济发展中获得巨大成就,但失去的是宝贵的精神财富和亲如一家的社会局面。一些不好的社会风气开始出现:富人总是斜视穷人,他们整天担心自己的财富会流失,为金钱惶惶不可终日;而穷人,虽然没有高品质生活,但衣食无忧,他们紧密团结,互相帮助,精神上反而比富人更幸福。

不得不说,中国人的生活观里还是蕴藏着中国人特有的、同情弱者、站在大多数一边的意识。无论你是富贾,还是贵人,生活圈反而不如穷人大,而且,富人出于自身利益的考虑,总是与别人格格不入,这就注定他们生活不如穷人幸福。就算你拥有一切,拥有所有的物质,你一样是个精神乞丐。

社会出现这种状况之后,我们的管理者开始关注这个问题,并不止一次地在工作报告中提出:"提高人民生活的幸福感"。中国一些地方政府开始将"幸福指数"作为审核官员政绩的一个重要标准。在这种情况下,中国各社会团体和研究机构开始研究"幸福社会"课题。就目前来说,拥有一切并不能给人们带来彻底的幸福,同样,"幸福社会"不能因为经济发展到强盛就一定会实现。就国人的幸福感来说,中国出现一种反常现象,那就是经济基础差的人幸福感更强烈,经济基础好的反而缺乏幸福。这就使中国一些权威机构调查的结果出乎国人的意料:2007年开始,中国农村人口普遍比城镇人口幸福感强烈。

当今世界,"发达社会"拥有大量物质财富,而忽视了国人的精神世界,更不关心国人幸福感。因此,发达国家拥有世界上最多的财富,但它依然不是最适合人类居住的国家。"幸福社会"与"发达国家"是两个概念,所有"幸福社会"都是最适合人类居住的。

第三节
唯我独尊幸福终结

对于一般人来说，真正获得幸福的感受有很多，只要自己的态度端正，或心理承受力强，一般的生活体验都能转化为幸福。甚至有人认为，生活真的很美好，没什么波澜，有时痛苦一下也是一种幸福体验。在这种情况下，越来越多的人认为，幸福是一种认知，是一种科学合理的判断。就整体来看，随着国人知识水平的不断提升和生活能力的不断增强，他们的生活质量明显提高，这主要表现在对"幸福生活"的认同感上。出生在四五十年代的人，他们认为社会生活已优越到理想地步，并全身心地享受这一"盛宴"；六十年代出生的人则认为，这是一个高压力的社会，自己稍微不留神，就会被压力压垮，无论是生活还是工作，这种压力都存在，所以他们觉得生活有时很无奈，一种酸酸甜甜的感受；七十年代出生的人认为，工作压力比山大，为了买房买车，自己需要花一生的精力，但现实情况可能会更糟；80年代出生的人一般认为，社会压力的确很大，但自己有心爱的父母，他们会为自己承受一定的负担。

在中国，70年代出生的人（70后）和80年代出生的人（80后）构成社会的中坚力量，他们优秀与否，直接决定着国家的未来。因此，我们现在将主要精力放在他们身上。

70后之所以会认为社会压力大，是因为他们并不是独生子女的一代，父母对他们爱护，但未到无微不至的地步，他们没房没车，没有人帮助他们，只能依靠自己的能力赚钱，然后实现理想。正因为如此，70后成功人士越来越多，他们开始显得唯我独尊。在北京，有位叫王敏的70后，今年四十来岁，20年前，他还只是个普通打工者，整天跑市场，生活很没规律。20年后，通过努力，他有了自己的房子和车子，而且有了一家公司。这时，他应该对生活很满意了。但是，当有人问他："你现在比以往要幸福多了，是吗？"王敏却皱起眉头道："别提了，我现在的钱是越来越多，但朋友却越来越少，想找个倾诉的人都没有！"后来，提问者通过了解发现，王敏太自傲，每次见朋友都摆排场、讲阔气，最终让朋友们都离开了他。其中一位同情王敏的朋友说道："他现在全变了，变得越来越唯我独尊"。

由此可见，国人越来越不喜欢清高自傲的人，这是一种进步的表现。就心理层面上来说，骄傲自大的人往往有犯错误的倾向，并导致正常的人际关系发生社会理论上的变化。王敏就是这样的人，他虽然有很多钱，但却失去了最起码的和睦和幸福。这就是70后们生活现状的一个缩影。在这种情况下，他们往往以国家主人翁的姿态对社会指指点点。关于这一点，80后与之产生鲜明对比。在中国，出生在1980年后的青年被称为"80后"，现已长大成人，他们成长在中国发展最快的时期，是独生子女一代。这些优越的条件让他们非常骄傲，甚至让他们产生某种盛气凌人的姿态。80后已全部步入社会，他们已从大学校园走出来，开始工作。在这种情况下，80后的心理和个性开始受到社会的关注。而80后最明显的社会特征就是：对国家和集体漠不关心，从不对国家和集体产生什么认识，他们淡化政治，习惯唯我独尊地生活。不得不说，70后的唯我独尊是建立在自己强大工作能力和物质基础之上的。而80后的唯我独尊则是建立在固有的性格以及家庭、学校和社会对自己无微不至的关怀之上的。正因为这样，80后总是受到前辈们的冷眼，认为他们是"弱不禁风的一代"，是温室里的花朵，是垮掉的一代。

这再次告诉我们，无论什么人，什么样的群体，都不能产生唯我独尊的思想，否则，这个群体或这个人会非常失败，不能赢得社会的赞誉，不能成为别人心目中的"大好人"，不能团结大多数。70后的部分人群是这样，但80后更是这样。我们一直在说要打造幸福生活，而上述社会成员总是唯我独尊，势必会影响他们对幸福生活的追求。

根据友邦中国2012年8月份做的一项名为《新生代家庭幸福缺口调查》，中国新生代——大部分指70后和80后的生活幸福感非常欠缺，他们之中的过半新生代人群对养老保障和经济状况不够满意；七成新生代群体对公立医院的医疗费用和服务不满；八成以上的新生代群体担忧家庭成员发生重大疾病……本来，他们的生活是美好圆满的，为什么会面临这么多社会问题呢？一方面，这是社会管理者和研究者未曾塑造一个完美的社会形态所致；另一方面，是因为新生代的身份和心理都发生了巨大变化，致使社会成员对他们产生全新的认识和定位。这一点，尤其表现在80后身上。现实生活中，80后是最受关注的群体，同样，他们也是最受争议的群体。在社会心理与个人心理层面上，他们还未形成统一的认识。因此，无论在什么情况之下，我们都要看到中坚力量对社会的作用。毕竟，年轻人决定着社会的未来。

很小的时候，80后们生活在蜜罐里。因为每个家庭只有一个孩子,所以家长对子女的爱护达到前人无法企及的地步。尤其是中国经济的腾飞,为80后的成长增添了更多的有利因素。他们大多从小饭来张口,衣来伸手,并没有在物质上受过挫折。随着时间的推移,80后已成长为社会主义新一代的建设者,他们站立在社会建设的最中央,他们要负担一切前辈所负担的社会责任,他们要像年轻时的父母一样,照顾父母,并组建家庭,进而抚养子女。这种角色的转换,给社会带来强烈冲击。有人认为,80后的唯我独尊是一种共识,他们能承担社会责任吗?他们能赡养父母吗?他们能抚养子女吗?带着这些问题,社会又一次产生怀疑80后的浪潮。

在这一大背景之下,当下的中国,新生代人群逐渐步入而立之年,他们在社会和家庭中所扮演的角色也在悄然发生转变。一方面,他(她)们逐步成长为当代社会的中坚力量,在各自工作岗位上发挥愈加重要的作用;另一方面,这一群体陆续从"唯我独尊"的"被保护者"蜕变为须承担赡养父母、照顾妻儿责任的"家庭顶梁柱"。二者夹击形成的现实压力,加之大众对于成功的评判标准带来的压力,以及未来生活的不确定因素使得新生代家庭的幸福期望与实际现状之间形成了落差,进而造成了幸福缺口越来越大。

现在我们能得出一种结论,那就是唯我独尊的人不能获得幸福,也可以这样理解,唯我独尊式的幸福并不是真正的幸福,起码,它是软弱的,不能长久的。因此,年轻人在角色转换过程中应该清醒认识自己。无论怎么样,只要能发现幸福,并在心理上产生新认识,那幸福就会接近。在70后和80后身上,我们能看到两种完全不同的"唯我独尊",却获得了完全相同的结果:不能受人尊敬,甚至受到别人冷嘲热讽,根本谈不上所谓的幸福。

今天中国的养老保障制度还不完善,很多人还挣扎在"仅仅能生存"的生活层次上;医疗方面,公立医院收费不透明,服务态度不和睦等问题深深困扰着年轻人的生活；还有，绝大部分年轻人担心自己未来会有重大疾病。这些不是普通人一次两次的努力就能够解决的，它需要集体，更需要国家层面的支持和落实。这一切都在影响年轻人生活的幸福程度。就一般层面来说，在这种环境之下，要想获得幸福，就只有放弃唯我独尊的心态，这样才能适应社会，让他们本来不太满意的社会生活变得相对美好。就本身来说，唯我独尊不能让一个人赢得社会声誉。因此，这样的有限发展反而能让一个人群消除唯我独尊之感。这让中国人越来越强烈地感受获得幸福生活与主观认识是有密切关联的。

  生活是一个五味瓶，努力适应、认真品味的人最幸福的，如果你唯我独尊，要求生活始终只有一种滋味，那你的生活将非常糟糕。不要认为世界是单一的，这是错误的，更不能因为你只是一个个体，就要求社会像你想象的那样变化，那种人的一生将比在地狱里更可怕。所谓幸福，就是见好说好，见坏也要认为是好，减少主观强求。这样，幸福自然就会不期而至。当我们被培养成唯我独尊的人才时，社会人士只能承认你是个人才，不会承认你有幸福生活。所以，你需要改变，这不但是社会要求，也是个人发展需要。

第三章
心态决定你的幸福指数

第一节
偷懒不能成就事业

几十年前,外国人认为中国人懒,因为他们不会挣钱,不会经商。诚然,这是当时中国的现状。这样的生活是否幸福呢?外国人认为,这样的生活没有幸福可言,因为它没有极高的物质享受,更缺少和睦的亲情、单纯的爱情和高尚的友情;而当时的中国人认为,拥有市场经济体制国家的人不幸福,因为那是一个唯利是图、充满欲望的社会。凡此种种,都说明一个问题,那就是人们对幸福的认识,各有各的看法,带有强烈的主观性。

这是一种关于幸福而争论的话题,在现实生活中,人们需要通过物质供给来获得精神愉悦。在这种情况下,越来越多的人认为,贫穷不是幸福,不会享受不是幸福。看到世界日新月异的变化,中国人开始意识到,真正幸福的人,应该是物质和精神双丰收的。所以,中国人开始了热火朝天的改革开放事业。社会主义不是贫穷的代名词,而是富足、美满和幸福的代表。而物质是精神享受的基础,我们必须先有物质,后有精神,这才是真正的幸福生活。正是看到了这一点，中国改革开放事业才顺利发展，才实现了一个又一个经济建设的目标。就个人而言，经济建设让人们追求更高理想，学会用经济实力来建立一个美满的家庭，学会用能力在社会上立足。在这种情况之下，国人变得越来越勤快，越来越自律。很多人开始意识到不提高自己的经济实力是万万不行的，一切幸福都建立在良好的经济基础之上。

越来越丰富的物质文化生活让国人第一次感受到国家的强大，感受到前所未有的家的温暖。同时，社会竞争压力越来越大，几乎所有人都认为，懒惰是不能成就事业的，更不能获得人生幸福。发展是社会进步的主旋律。所谓进步，就是物质倍增和精神日益丰富。在这种情况之下，人人都需要在社会上有所建树，这样才能获得别人的认可和赞同。随着中国经济制度和社会制度的不断完善，越来越多的人能"尽其才"，将自己最本能和专长的一面表现出来，并获得社会成就感。一个人的人生只有这样，才能谈得上幸福。所以，很多人都想成为公众人物，让自己光辉的一面被世人认可。

在这个知识爆炸、经济倍增的社会上，大部分人都有一定才华或才能，只是没机会展示，真正被认为是无用之辈的人越来越少。在城市，人才越来越多，以至于他们之间产生激烈竞争，有时显得十分残酷。这就逼迫高端人才出现，在高端人才中间，还需要出现更高端的人才，这样，社会才能进步，国家才能表现出实力，人才能表现出自己超强的竞争力。这一切要想实现，没有艰苦奋斗的精神是万万不行的。在过去 30 多年的时间里，中国人拼命地追求物质世界，以至于他们将懒散的性格全部丢弃。他们甚至认为不稳定的生活是一种自我挑战，认为做危险的事情才能获得人生的享受，等等。这些观点在今天的我们看来很疯狂，有些不切实际。但在那个经济大建设的时代，前辈们真的付出了太多，他们不相信拥有稳定的工作能有什么幸福。

　　在 20 年前，中国人最喜欢的职业是企业家、艺术家、公众人物以及自由职业者，因为这些人有无限的自由空间，个人发展完全依靠自己，并不需要社会救助，通过自己的努力，能获得大量的物质利益和精神愉悦。这些人群是拥有最高幸福指数的群体。那时，你只要稍微留意一下，大部分小朋友都会说："长大之后我要当明星，当企业家。"不难发现，这种想法在那一代人的心目中根深蒂固，深刻地影响了他们的孩子。分析一下深层次原因，主要是因为这群人常常能少劳动而收获更多，能以最快的速度让全社会了解他们的情况，并让人产生心理崇拜。就客观方面来说，这些人事业心强，属出类拔萃式的人物，而且有一股敢打敢拼的精神。表面上，他们不用努力，这是当时所有人追求这些职业的诱因，事实上，他们和别人一样，没有努力是不会成功的，更不可能拥有真正的幸福。

　　艺术家、企业家的光环是美好的，但其中的酸楚无人体会，他们的工作压力巨大，而且生活没有规律，很少有偷懒的机会。无论怎么样，让别人认可你是一件难事，让一个群体认可你难上加难，让整个社会认可你，你就必须承受超人的压力。他们可能随时身败名裂，可能一夜之间成为乞丐，更可能片刻之间腰缠万贯。就当时中国人追求的目标来看，属不理智行为，因为他们没有意识到，成为企业家和艺术家所需要的条件，在那个需要奋斗、需要竞争的时代，靠不切实际的空想，或是无厘头的幻想是实现不了人生幸福的。那时候的人现在已是中年，观察一下会发现，他们当中没有几个实现自己的企业家和明星梦。其原因只有一个，没有奋斗精神或过分走捷径、偷懒的人不能成功。

　　就今天的中国来说，人们基本上丢掉了懒散的性格，他们锐意进取，渴望自己的能力在不断的努力中被别人认可；他们喜欢默默地工作，以行动赢得世界的尊重。经过长期打拼之后，他们更渴望获得人生的安逸，更渴望真实的、理智的、稳定的幸福生活。大部分国人拥有足够自己受用一生的知识和技能，拥有让自己充分发展的能力，他们不再盲目追求，生活的稳定和精神的安逸让他们不再追求所谓的心潮澎湃。现实中，年轻人的工作压力越来越大，他们工作稳定，但竞争压力巨大，常常面临完成不了的任务，但依然坚持着将其完成。这种不安定的状态，会为自己带来无尽的痛苦。

在这一大背景之下，最近，一份最新的"中国幸福小康指数"调查显示，公众眼中最具幸福感的职业前20位分别是——第一，公务员；第二，政府官员；第三，教师；第四，艺术家；第五，高管；第六，自由职业者；第七，金融工作者；第八，演员；第九，飞行员；第十，创业者；第十一，律师；第十二，工程师；第十三，作家；第十四，警察；第十五，民营企业家；第十六，职业经理人；第十七，心理学家；第十八，导游；第十九，记者；第二十，健身教练。

从前四位中我们可以看出，中国人对在国家单位工作始终保持最高期望值。这主要是因为，政府工作稳定，不需要过多竞争，更不会产生过度竞争。这些职位的工作相对轻松，社会保障制度完善，索然不是当年的铁饭碗，但它工资高，福利待遇优越，有宽松的假期，是中国人的不二选择。

从五到七这三个职位我们能发现，它们都是企业中的核心职位，属高端人才占有的职位。他们一般能拿高薪，可以经常出国，可以带薪休假等，甚至比公务员等职业更有诱惑力，但这些职业压力巨大，常常要面临一个人处理复杂事件的局面。由于过分的竞争压力，这些职业从业者常常面临亚健康问题。反正，这是他们奋斗的过程。就像一位企业高管说的那样：无论做什么，你总得承受压力。

后面所有的职业压力一般都很大,但获得的社会地位和物质追求也相对较高,属于高投入、高回报的职业。不能否认,以上职业都是中国人公认的好职业,折射出中国社会的一个侧面。当今,国人不再愿意承受压力巨大而获得的收入很少,国人的思想已经不再和以往一样——只要能填饱肚子,什么压力也愿意承受。目前,国人要么选择相对稳定的工作,如公务员、政府官员和教师;或者选择高压力而高收入的职业,如企业高管、自由职业者、金融工作者等。

以上职业能给人稳定的、持久的幸福,主要还是因为人们一般都受过教育。为了考公务员,他们整天看书,废寝忘食;为了进入公司管理层,或成为一个民营企业家,他们夜以继日地工作、跑市场等。今天,市场竞争激烈,没有奋斗是不可能成功的。如果你稍微偷懒一下,就会发现自己落后别人一大截。因此,偷懒的人在事业上不会成功,同样,偷懒的人不会成为佼佼者,更不可能成为生活的主宰、工作的主人和精神财富的赢家。不得不承认,偷懒的人不但事业不成功,而且不会有幸福生活。

第二节
戴着有色眼镜看不到幸福

很多人认为，不上进的人会受鄙视，因此，这样的人生活不幸福，常常受打击，属于底层社会成员。这一观点常常被人们认为是正确的。今天，经过调查和研究发现，这一论断不一定正确，在一般情况下，受鄙视的人不能幸福，因为他们不进步。在这个飞速发展、远离蒙昧和野蛮的社会上，受人鄙视往往让人产生低俗的念头，所以，很多人认为，被鄙视的人最无能、最卑微的。但今天的现状是被鄙视的人往往能改变自己固有的想法和思维，重新进入一种更新的人生。在这里，他能获得更有趣的人生体验。因此，被鄙视的人显得更幸福。

在今天的社会里，我们不能单一地看一个人的生活。例如，一个人穷途末路，你认为他是最可恶的人，因为他会给你带来麻烦。但有的人却认为，他是一个被同情者，自己可以通过施舍、救助，让自己的生活丰富起来，并获得社会口碑。在这种情况下，越来越多的人认同后者，这才是普世通用的情理，是人们获得幸福的源泉。

无论怎么样，生活是一种极具影响力的艺术品，它能从正反两方面作用于人的思想，进而对人产生行为上的支配。当它正面影响人时，人们就会获得强烈的满足感和幸福感；当它反面影响人时，人们往往会产生压抑感和痛苦感。在现实生活中，人们常常认为，要想获得幸福，首先要让自己快乐，而自己快乐的方式就是让别人不快乐。在这一思想的作用之下，越来越多的人认为，一个人只有将自己的快乐建立在别人的痛苦之上才是幸福的。这是一种错误的逻辑，这种逻辑一旦在人的思想中根深蒂固，势必会影响到自己长久的幸福，甚至会影响到一个社会的整体形象。无论从个人，还是社会的角度来评判，这都是极其危险和错误的观点。

在现实生活中，两个人是朋友，因为彼此了解，因此谁也不敢居心叵测，两人形成一种相对稳定的亲朋关系。但是，随着时间的推移，两人的友谊一再经受考验，当其中一个人表现出缺点，或不满情绪时，另一个人就会产生强烈的心理反应，并认为对方已失去自己的信任，开始不择手段地打击对方。这时，因两人从前关系密切，一方打击另一方的报复心更强，进而产生一时的快感，并认为这就是自己的幸福。被攻击的一方是弱者，心理上受到打击之后，他开始改变自己的性格，甚至是生活方式。在这种情况下，被攻击的一方也拥有了改变自己、把握未来的快乐，并认为自己很幸福。

两者比较而言，后者获得的主观幸福更强烈，它能让人长久地幸福，而前者，将自己的快乐建立在别人的痛苦之上，并不能获得真正的、长久的幸福。现在我们能得出结论：一个人的幸福的产生与自身的性格、人品和思想有很大关联。就主观方面而言，幸福是无处不存在的，但幸福也有客观的标准，只有主观与客观相一致，那才是最幸福的生活。在生活中，以上的例子屡见不鲜，很多人认为这是人生的规律，无法改变，但今天的社会发展状况和实践总结告诉我们，将快乐建立在别人痛苦之上的幸福是卑微的，是低级的，甚至是下流的。这种人往往戴着有色眼镜看世界。世界本来是白色的，但他们却认为是黑色的。在他们心目中，世界永远是泾渭分明的，即所谓非白即黑，不善则恶。而且，他们始终认为自己是正确的。无论做什么事，他们都认为，反正我没错，就算有错，那也是别人造成的。在他们心中，从来没有过自我检讨，只知道进攻是唯一的生存方式。也就是说，戴着有色眼镜看世界的人，总是认为可以凭借主观改变世界，片面强调主观能动性的作用，从而忽视客观的一切，让人产生畏惧和惊慌的心理，进而形成唯我独尊、一切听"我"指挥的目的。

　　现实中还有一种情况，那就是喜欢鄙视别人，或是戴有色眼镜观察世界的人，总是喜欢将别人的成绩当成自己的成绩，并不择手段地争取，从而伤害别人，达到自己幸福一时的目的。在职场上，或一个公司中，员工总是通过努力获得一定的成绩，在面对自己的成绩时，他们总是感觉激动、快乐和满足，这就是一种稳定的幸福。但如果遇到戴有色眼镜看世界的人，那你的工作状态将是另一种景象。当他看到你的成绩太优秀，或你的成绩高于他的成绩时，他就会认为，如果不是我努力，就不可能有别人的成绩，因为自己影响了别人。在这种想当然的臆断中，他的行为渐渐偏激，开始阻碍同事上进，整天出鬼点子捉弄人，自己的嫉妒心膨胀到极点。他有意让别人请同事喝酒，让大家喝得酩酊大醉，都不能上班。

　　还有种种令人想不到的举动，像贿赂领导将优秀的员工开除，将难以完成的任务交给比自己优秀的员工等，这些都可能是戴有色眼镜看世界的人的做法。更可怕的是，在面临别人成绩越来越优秀的局面时，戴有色眼镜的人往往会产生毁灭性的念头，等同事转身出门，他便在领导面前说三道四，让领导对优秀员工产生误解，实现他打压优秀员工的目的。与同事相处方面，戴有色眼镜看世界的人总是不主动接触同事，在他心目中，自己永远是中心，永远高高在上，万事不求人，别人必须乞求自己，没必要主动跟别人接触。在这一思想的驱动之下，戴有色眼镜看世界的人从来不考虑自己的幸福从何而来，更不考虑真正的、稳定的幸福生活能否降临到自己身上。

他们一向认为，只要在现实中生活，就要站在别人的头上，并不择手段地遏制对方，这样才能获得一时的快乐，进而产生幸福感。在行为上，拥有真正幸福的人往往比戴有色眼镜的人弱小。这是人们产生的直观认识。一些善良并追求长远幸福的人也认为，遇到戴有色眼镜看世界的人往往特别小心，因为他们心眼小，手段高明，不容易相处，更不利于竞争。就目前社会状况来看，国人已不再有心理诉病，人人向往笔直的成功之路，人才的竞争机制越来越健康、成熟。在这种情况之下，很多人认为拐弯抹角的人没有实力，而实力是唯一有力的竞争声音。因此，社会上已形成一股良性竞争的风气。这就告诉我们，戴有色眼镜的人不能获得大部分人的认可，因此他们的伎俩只是阶段性和间断性的，不能形成气候。真正到比较实力时，他们往往会愿赌服输，并暴露自己的嫉妒心理。

真正长久的、稳定的幸福并不是在嫉妒或是逆反心理中产生的，它更健康，更能代表人类普遍的快乐观和成就观。它是用能力说话，以实力为背景的新时代幸福观。歪曲的幸福是不能长久的，无论人们的生活是什么样，最本能的一面不会消失，这就注定戴有色眼镜看世界的人不能发挥自己本能的一面。他们往往要改变别人对自己认识的本相，而后通过手段改变表象，进而影响人的本能。在一个成功人士面前，戴有色眼镜的人会认为，成功没什么了不起，成功都是人定的。这种诡辩观点让人费解，起码，它会让人的立场动摇，甚至出现一切虚无的观念。

中国人有句古训——"没有规矩，不成方圆"，在一般人看来，这是一个极具哲理的训言。它总是教育每个人，生活一定要有规律，工作一定要有组织性和纪律性，这样的人生才有意义，才能获得事业上的成功。但戴有色眼镜看世界的人认为，世界本来没有思想，人本来没有立场，都是进化的结果。他们遇到更有成就、能超越自己的人或事总是心怀叵测，让别人无法捉摸，并以此为快乐。以他们自己的观点，对社会有点自己的想法是好事，常常看不惯别人才能让自己获得心理上的满足感，这就是所谓的幸福。事实上，这是极其错误的，因为人类心理的健康变化是拒绝这种现象存在的。就基本层面上说，它往往带有强烈的主观臆断，而且快乐感是断断续续的，更多的是失落和绝望。因此，我们要想成为一个幸福的人，就不能戴有色眼镜看世界，因为它是幸福的杀手。

无论怎么样，当今社会是一个健康的社会，戴有色眼镜看世界的人的幸福感是缥缈的。在这种情况下，人的本能被否定，要想获得稳定的幸福会越来越难。

第三节
无知是一种幸福

  今天的世界,已不是封闭、愚昧和野蛮的世界。人的思想得到全面解放,人的行为得到社会管理者的彻底规范,甚至人的心理健康也被环境塑造得越来越理想化。在这种情况下,人们开始追求一种更客观、更舒适的生活。在经济上,人们要求自己能充分享受物质成果,在精神上,人们要求自己能没有局限。随着社会的发展,这些要求已不成问题。最后,一个和谐、美丽的社会产生了。在这个社会里,人们可以追求最理想的生活,可以设定自己的生活为"幸福生活"。本来,这一理想不成问题,而事实上,当人们开始有意识地憧憬"幸福生活"时,那它就带有不可知的风险。

  在一个公司里,如果你设定的工作目标能实现,那你的精神就会非常愉悦,心理上会产生无尽的幸福。但是,设定目标本身带有很强的风险性,一开始,人们往往担心、焦虑,实施过程中往往紧张、猜疑。所以,心理承受能力差的人往往实现不了目标。如果你漫无目的地工作,每天精神百倍地投入,一丝不苟地工作。这种情况下,你的工作显得相对轻松。最后，你说不定能超越目标。这又告诉我们，有时人们显得无知一点，反而更幸福。

现在给我们的话题是无知的人真的更幸福吗？当今，有很多关于幸福产生理由的研究，其中大部分观点都认为，知识多少与幸福成反比。大量研究发现，知识越多的人，生活烦恼越多，而且，他们追求幸福的道路上没有终点，始终不能达到一种理想化的生活状态。现实中，他们总是对身边的事和人指指点点，发表议论，最后导致他们处处与人不和，甚至产生纠纷。知识丰富的人对生活都有规划，但生活本身是无序的，所以他们吃尽苦头。

对于那些知识相对匮乏的人来说，他们整天做着按部就班的工作，过着衣食无忧不温不火的生活。表面上，他们的生活没什么波澜，但如果你问他："你的生活幸福吗？"他们一定会大声地回答你："当然，我很幸福。"其实，这群人的确很幸福，他们不喜欢考虑过多的问题。例如，在公司里，别人比自己做得优秀，他们不会产生嫉妒，甚至是嫉恨心理，其理由是：我的能力在这里，没必要与别人争锋。由此可见，虽然知识有限的人在心理上缺少进取的一面，但在行为上却显得恰到好处，并能给人以满足感。由此，他们的内心就产生强烈的幸福。

这就造成一种现象：知识越少的人越幸福。这是大部分人的观点，但这也不是绝对的。就今天的社会而言，知识过分匮乏往往会导致一个人不能在社会上立足，产生生存问题。在这种情况下，无从谈论幸福。所以我们又总结出一条结论，那就是有基本社会知识和能力的人的生活是幸福的。根据当前中国社会的状况，只要是完成九年义务教育的社会成员普遍能感受到社会主义大家庭的温暖。也就是说，中国人只要完成最基本的九年学习历程，即可能过上幸福的生活。

现在，又有一个问题摆在我们眼前，要想获得幸福生活，国人大可不必上高中、大学。如果如此下去，何谈国家发展，何谈民族振兴？其实，我们能从一般人的幸福中发现，越无知的人越幸福是对的，但他们只是停留在个人层面上，并未给集体或社会带来更持久、更稳定的幸福要素。中国还是一个发展中国家，要想继续发展，牺牲是在所难免的。或许30年后，中国已成为中等发达国家时，那时的人们会回首，认为21世纪前30年的国人并没有真正的幸福，而是只有发展中的满足感，这是不稳定，充满颠簸的。在这个需要塑造更高生活标准的时代，我们一样能追求幸福生活，但绝对不能裹足不前，应该为能塑造出一种更新的生活方式和现代化社会而奋斗。在这种情况下，我们有必要开拓一种幸福观。可能，它与环境有关，会与社会现状产生千丝万缕的关系，与知识储备有着不可分割的关联。

就今天的中国来说，无论我们怎样获得幸福，都不能忽视知识的力量。当今天的知识被明天淘汰时，我们就不得不放弃一些东西，这些东西显得很平凡，甚至是庸俗。但在这之前，它却是高尚的、纯洁的。在发展的道路上，我们不能一味地放弃知识，片面地追求幸福。在某种情况下，幸福只是个概念，它需要人们不断地填充，不断地完善。所以，其中包括太多主观因素。正是主观因素的强大作用力，才使得人们认为知识越少越幸福。很多人认为不幸福是自找的，如果过分了解社会，那你将失去很多，包括幸福在内。现实如此残酷，我们为什么还要追求现实生活中的满足感呢？今天，人们最享受物质生活带来的满足感，因为它可以让一个人的欲望达到顶点，并得到满足。人们越来越重视现实，主观上的认识只要够用就行，不必再为大环境的改造做什么贡献。那样，人生将失去乐趣，真正的幸福就不会到来。持这种观点的大有人在。

这就又让人们理解到，不关心集体或国家事务的人往往能获得幸福。事实上，这种观点也是有市场的，但把它放入全局中考虑，这种幸福往往是自私的、弱不禁风的。很多时候，人们都认为有担待、负责的人做事容易成功，并可获得更多的幸福。这就告诉我们，越关心现实、越能担当的人越幸福。今天，社会上流行着一种截然不同的观点，那就是不承担、不负责的人生活得往往更幸福。其实，这在当下的时代背景之下是有一定根据的。现在，我们就得了解一下这方面的问题。

众所周知，中国是发展中大国，一直要发展到21世纪中期才能成为一个中等发达国家。在这之前的奋斗中，中国人能看到巨大的希望。在这种情况之下，憧憬成为人们获得幸福的重要因素。但是，随着经济的发展和商业竞争的加剧，越来越多的人感到生活与工作的压力越来越大，自己的憧憬和目标实现不了。更有甚者，认为慵懒地过完一辈子是最大的享受，根本不必追求什么。在这个物质爆炸的时代，想安安稳稳地过一辈子是再简单不过的事了。因此，社会上就形成一种风气，对世界了解越少，自己的生活就越幸福。在当前的社会状况之下，它带有强烈的正确性。很多时候，中国人喜欢安逸的生活，不喜欢挑战，更不喜欢冒险。这就注定这些人缺乏进取心，不敢做"第一个吃螃蟹的人"。

在复杂的社会形势之下，中国人开始强烈地感受到，恢复本真是一种幸福，让自己始终安逸地生活是一种幸福，甚至有人认为，中国已经发达起来，我们没必要辛勤努力，为以后遮风挡雨。在一个成熟的社会，只有让自己什么都不想，什么都不做，才能成为生活的主人，才能让自己的生活比别人更绚烂。所以说，无知也是一种幸福。就中国的现状来看，越来越多的人认为中国已跟上国际步伐，国家的地位蒸蒸日上，中国经济越来越深刻地影响着世界，大部分人的生活开始富裕起来。以此为背景，中国人开始对生活产生新的认识，即不要过分要求社会，也不要过分奢求别人，只要自己保持高度独立，一切烦恼就都会走开。面对越来越复杂的社会，我们需要一颗冷静、平淡的心灵。也许，无知就是一种幸福。

　　就长远发展来说，我们需要更多的知识，需要了解越来越复杂的社会。但社会发展到今天，我们已将知识开发至极致。我们的社会处于一种相对成熟，保持平静的状态中。作为一个中国人，对复杂的事情保持一颗最平常的心，将是美好人生的不贰选择。人生的最高境界是什么，就是别人都有而自己没有，同时，自己拥有而别人没有的心理体验。无知往往是获得幸福的最高境界。

第四节
微笑面对别人是一种魅力

有人说,每天微笑一次,人的生命就可以延长几秒钟。诚然,微笑可以让人的心灵放松,可以让人信心百倍,更能让人心胸开阔。但是,这世界上偏偏有人不爱微笑。他们认为,微笑是对别人的宽容,对自己的虐待。在别人面前,何必微笑?这样别人会以为你在向他妥协,以为你是一个懦弱者。因此,很多人判断一个人成熟与否,总是看这个人是否事事严肃,斤斤计较。

无论什么情况,这是一种落后的行为。在当今的社会上,人们的文明开化程度已达到新顶点,甚至在以后五十年内都不会产生实质性改变。在这种环境之下,思想进步突飞猛进,人们开始寻找一种属于自己的,别人所没有的生活态度。就此而论,其进步色彩很浓烈。但是,今天还有相当一部分人认为,宽容是一种危险的行为。就他们自己的观点来说,这样做会让自己陷入被动,不能活出原本的自己。于是,更多的中国人学会冷酷地面对别人,从不轻易给别人以宽容的微笑。

在北京，有个叫琳琳的女生。刚刚大学毕业，她被就对同学说："我一定要找个好工作，不想再读研究生了。"同学都劝慰她："你成绩那么好，读书更有前途。"琳琳摇摇头道："我要实现自己的理想。"这时，一位学姐站出来道："你脸上总挂着微笑，小心被人算计。"琳琳非常不解地辩驳道："不会吧，难道对着人微笑不好吗？这样别人会喜欢我。"学姐哈哈大笑起来道："错！你这样对别人笑，会让对方看透你的心思，这样你就不能保护自己了。"琳琳听了，有些迷茫。她身边又站出来一位同学道："对！你太纯真，还是留校学习吧！"在大家的劝慰之下，琳琳最终选择了继续深造。

从这个故事中我们能发现，在众多中国人的心目中，他们还是喜欢防备别人，并认为世人居心叵测。在这种情况下，社会风气要想整体变化，是非常困难的。今天，中国社会已是一个接近繁荣的社会，社会成员知识丰富，而且都解决了温饱问题。这是千年未见的盛世，是中华民族文明史上的一座丰碑。但这不是最优秀社会的定位。就目前而言，一个社会之所以能称得上是最优秀社会，是因为它能长久地保持最繁荣的局面。

就目前的情况来看，人与人之间的关系还不够和谐。就一般人看来，人与人之间就是一种利益关系，进而产生尔虞我诈的局面。在职场上，你能站在别人肩膀上往上爬，别人也会站在你肩膀上往上冲。如果你终日以平常心和宽容心面对别人，别人则会攻击你。这种情况，在职场上屡见不鲜。尤其是前二三十年，中国社会的一切还在完善，那时，先进文明与落后思想发生激烈碰撞，很多人深受其恸。在生活中，人们喜欢小肚鸡肠地竞争，喜欢用人情关系主宰工作关系。到今天，这种局面依然存在，人们喜欢表现出居心叵测的姿态，让别人不能了解自己，进而让自己有施展能力的机会。

在科技飞速发展的今天，社会组织内部的情况越来越公开化，政府机关也开始提出透明管理。社会上掀起一股"透明化"浪潮。由组织影响到个人，人们开始意识到，心理上的透明是搞好社会关系的基础。以此为背景，中国人第一次看到，心理上没有缺陷，甚至没有污点才是一个健康的人，才是一个拥有健康社会关系的合格公民。还有人认为，善良是一个永恒的社会话题，在过去，它只是人们口中赞美的事物；今天，它却是每个人追求的目标。在一个和谐、进步的社会，善良能给人温暖，给社会一种更进步的力量。

真正的善良是什么呢？其实，真正的善良就是心灵美。当我们的心灵没有一丝瑕疵，没有一点污垢时，我们的外表就会越来越纯洁，性格越来越正直，精神越来越焕发。当这一切都表现在表面时，它就是一种会心的、接近极致美丽的微笑。当有人说"给人以宽容的微笑是最傻的行为"时，我们就在问，这是一个高速进步的社会，难道你还没有一颗纯洁、善良的心灵吗？在现实中，当一个人的行为出轨时，他会影响到很多人。但是，在今天的社会上，人们的知识水平越来越高，文化修养和是非判断能力非常成熟，当一个人的阴险、诡辩或庸俗表现出来之后，就会受到全社会的关注。通过网络，不但身边的人会发现他的缺点，他不认识的人，甚至全社会都会关注他，并对他进行客观的评价。因此，做一个现代化社会的公民，就要有一颗善良、仁爱和宽容的心。

很多时候，人要发挥最极致的一面才能得到别人的认可。这是生活的需要，也是工作中急需拥有的表现力。当你在一个组织透明的集体内工作，你会发现，小肚鸡肠或者居心叵测的人是很难生存的。每天，当你穿着整齐地走进办公室，然后对着同事们微微一笑。你会发现，这是一种无与伦比的快乐；别人看到你的微笑，也会会心地微笑。这样，整个集体都和谐起来了，工作压力显得越来越小，成绩却越来越高。

在职场上，只要你能认真工作，并以微笑的态度处理日常事务，一切都会越来越简单，大家的发展前途也会被拓宽。心灵美是一种境界，当我们还在为生活奔波时，我们没有理由不认为自己是进步的。而进步的最重要前提就是，自己要有一颗健康和美丽的心灵。在心灵美的前提下，我们再添加一些实用的、能代表大众情绪的行为，那我们就会形成一种魅力。无论我们有什么样的动作，都会对别人产生强烈的刺激。比如，当你向别人微笑时，别人会产生强烈的安全感和满足感，在你的微笑的影响下，你也会不自觉地对别人微笑，一传十十传百，爱心就这样传递下去。而你，将是最有魅力、最有号召力的人。

有人说，幸福藏在每个人的微笑里，而真正拥有微笑的人，即是幸福的。生活中，我们追求幸福，但我们很少用社会惯有的方式，而是用一种自以为是的方式追求幸福。这是不正确的，充其量，他只能获得短暂的幸福。真正的幸福，是人们普遍拥有的快乐和美好。而最容易让人接受的，无疑是由内而外发出的微笑。在社会上，当每个人的微笑能普遍被人接受时，那这个社会就是文明进步的；相反，这个社会则是落后愚昧的。在这个知识爆炸、文化水平普遍提升的现代化社会上，人们对事物的认识越来越深刻。例如，一个人走路的姿势总能说明一个人的性格。当一个人疾步从一群人中走过时，有的人会认为，这人性情急躁，不能做朋友；另一些人则认为，这人时间观念强，一定是个事业有成之人。

大家对一件事物有两种看法，说明人的思想束缚被打开，真正实现了思想自由。现在我们要说，世界上大部分事物都有两面性，但只有一件事物永无辩驳之嫌，它就是微笑。什么是美好？什么是魅力彰显？什么是幸福人生？当我们看到别人脸上会心的微笑，并深深温暖我们心灵时，一切答案便迎刃而解。

如果我们的人生还有某种魅力的话，相信它就表现在生活上。可能，有人认为工作上有魅力更重要，但生活才是一个人最基本的生存环境。因此，生活中的平凡人，需要更多的微笑。因为微笑会给人以幸福，会给人以心灵满足感。生活往往会影响工作，当我们将工作也看作一种美好的生活时，那我们会慢慢发现，微笑在工作中的作用越来越明显。早晨上班时，如果每个同事都能微笑面对一切，那大家一天的工作氛围都会和谐起来。在这其中，每个人都是最美丽的，因为他们每个人都彰显了人生的魅力。

　　整个生活能给我们压力，但却不能主动让我们进步。进步是人们自己的主观进取心所致。因此，在暂时失落时，或暂时迷失方向时，我们只要向亲人、朋友和同事淡淡微笑，就会发掘出无尽的能量，并能重新找到自己生活的动力，以及工作的进取心。真正的幸福是什么？就是在不能自持时对着别人、对着世界微笑。

第五节
乐观一点幸福一点

有人说，人生不能因为压抑而产生不快乐的情绪，因为那样会让自己失去幸福。在这种情况下，有的人开始漫无目的地追求快乐。当一件事还没发生时，他们就会揣测，自己是否应该参与进去，是否应该漠不关心，甚至会认为，对自己没什么好处，何必要插手。无论怎么样，这种人大有人在。这是中国在发展中留下的社会诟病。今天，社会发展得越来越快，人们掌握知识的能力超越了过去。随着信息技术的发展和普及，中国人开始从普通人向社会精英发展，而且人人是精英，人人能胜任复杂工作。

这就告诉我们，在复杂多变的社会里，势必会出现激烈的竞争。我们需要在这种竞争中塑造国人的快乐感和满足感。因为竞争，不可能每个人都能获得成功。因此，我们不能片面地追求客观实际的成果。在某种情况下，我们可以通过改变思维方式或固有的认识，来让自己获得快乐感和满足感。例如，今天小王的目标是开发三个新客户。但一天忙碌下来，只得到了两个新客户，于是他心神凝重，闷闷不乐。这时，领导走到他身边，表扬他工作努力，但小王依然提不起精神来，郁郁寡欢。事实上，这是完全没有必要的。如果小王这样想：今天一天努力地工作了，还收获了两个新客户，已经很了不起了。站在这种角度上考虑，那小王将是公司中最幸福、最有满足感的员工。当然，也是进步最大的员工。

　　从这个故事中我们能看出，在竞争异常激烈、人才升级越来越快的当今社会，始终保持一颗乐观的心极其重要。因为只有乐观，才能看到真实的自己；只有乐观，才能让自己生活在一个相对安定的环境中；只有乐观，才能让自己获得更多的成功感和幸福感。就今天的社会来看，竞争让人难以回望过去，甚至不敢回味自己曾经的成就。但是，人需要有一个宽松的自我空间，这样才能在竞争激烈的实现中找到属于自己的社会地位。当我们身处这一空间时，我们依然找不到一种乐观的心态，那生活将非常糟糕，甚至会给人在心理和生理上带来伤害。

　　关于这一点，世界著名的人物们都进行了深入研究。他们得出的结论是一个人要想获得稳定的幸福，就必要保持快乐心情，而快乐心情的产生，往往需要一种心态，那就是乐观。根据美国著名经济学家保罗·萨缪尔森的研究发现，乐观的心态是决定一个人幸福与否的关键。他还得出一个公式，即幸福＝效用/欲望。也就是说，人生活和工作的效用越大，幸福感越强；相反，欲望越大的人，幸福感越小。其中，欲望的控制是关键因素。当一个人"这山看着那山高"时，他往往就会失去幸福。因为一个目标实现之后，自己的工作效用得到发挥和展示。同样，自己有限的欲望也得到满足。这时，分析一个人是否幸福，就要看他对待成功的态度。在成功面前，往往有两种人，一种人认为，我成功了，我的努力有回报了，我很幸福；有的人则认为，这只是小小的胜利，我还要超越别人，于是，他又开始忙碌起来，漫无目的地前进。无疑，前者比后者幸福，因为他懂得享受，懂得适可而止的快乐。这就是一种乐观精神，一种满足感；而后者依然对自己做的事不满意，在追求上又设目标。这样，他就失去享受幸福的机会，长期处于紧张和压抑之中。殊不知，"山外有山，人外有人"，长此以往，是没有结果的。不得不说，要获得幸福，就要有一颗乐观的心。

美国加利福尼亚大学里弗赛德分校研究人员在美国的一次科学促进会年会上公布了一项研究成果，称人的幸福感的产生与五大心理要素有关，其中就谈到了乐观的心态。根据研究发现，一个人遇到困难或痛苦时，如果能将它一一记录下来，让这些灾难慢慢过去。第二天，或某个时候，当你回味时，你会发现这是一件无比幸福的事。之所以会这样，是因为你对现实困难和痛苦有了容忍的心态。后来回味，别有一番滋味。这对于老年人来说极其重要。不难发现，在生活上越乐观就越能获得幸福。在一次困难面前，我们暂时失落、痛苦，甚至绝望，但只要调整心态，或以顺从的心态应对它，事后你会发现，那是一件无比美妙幸福的事情。

在中国人身上，始终有一种大众化的、人人都能接受的朴实。它总是在不经意间表现出来，当一个社会为它而改变时，那它就是最本质的东西。中国人朴实、勤奋、勇敢自不待说。就心理学角度来说，这种性格更容易产生宽容的心态；更容易簇生快乐的感觉；更容易降临乐观的精神。在困难面前，人们总是有退缩的心理。但对中国人来说，即使产生退缩心理，但行为上决不能受此影响。这就是一种民族精神，它能催生出朴实、勤奋和勇敢等性格。只有这样，每个人的心中才能产生真正的幸福，而它的支撑点，就是乐观的精神。

在朴实、勤奋、勇敢等性格的作用之下，中国人很容易产生乐观精神。在一个重大困难面前，可能会有牺牲，可能会有损失，甚至可能会有绝望，但我们锲而不舍，发奋图强，在百折不挠中克服困难。如果没有朴实的性格，大家不会脚踏实地；如果没有勤奋的性格，大家不会有必胜的信念；如果没有勇敢的性格，大家就不会一步步地前进。在这一过程中，人们始终需要保持的心态就是乐观。无论在什么情况下，在什么环境中，我们保持乐观的心态才能持之以恒，才能将奋斗的精神坚持到底。

在职场上，我们总是喜欢用最尖锐的目光注视别人，因为那样可以让别人感受到我们的精明才能和做事的风度。但是，这样的人真的是快乐的人吗？他们的心理是脆弱的，一旦有谁超越了他们，他们便会一蹶不振，最终走上沉沦的道路。而在他们的事业走上巅峰时，他们也不会正确享受其中的美好；他们心里不能容一粒沙子，因此，他们很难快乐起来。这种人往往很难与别人相处，因为他们始终相信，"自己有绝对的实力和能力"。在这一思想的驱动下，他们总是目中无人，但表面上却显得谦卑，让人难以接近，甚至让人产生厌恶感。在发达的地区和城市，这样的人有不少。只要调查一下便知，他们的生活在表面上很美好，但实质上很不幸福。

还有一种人，也是职场中最不能让人接受的人。他们往往能力超强，但交际、口才和行为能力非常差，甚至像个孩子。这种人大部分分布在80后当中。按常理来说，他们工作能力强，能胜任各种复杂的工作，生活应该很幸福。其实不然，这群人因为生活能力和其他一些人生条件的缺失，使得他们能力越强越不幸福。表现在生活态度上，就是他们不客观，没有一颗积极向上的心态。他们往往默默地工作，但不喜欢交际，不喜欢说话，甚至吃饭也是一个人，使得他们对现实生活产生极大的恐惧，根本谈不上什么乐观情绪。

现在我们能发现，乐观精神对一个人生活质量的提高有着举足轻重的作用。当我们抑郁或者苦痛时，我们是否应该转动脑筋，让所有的不快成为过眼云烟，让所有的积极生活态度占领我们的心房，并带我们走进一个稳定而持久的幸福世界里。一个人之所以会幸福，是因为他们认为自己幸福，即使他是在一个荒无人烟的沙漠里，需要别人的救助，他也会感到幸福，因为他在享受一个人的自由，而生存是必然能实现的，因为他有乐观精神，有坚强的信念。

今天的社会，不再让幸福停留在口头上，而是每个人都能享受幸福，甚至幸福触手可及。在这种境况之下，依然有人感到不幸福，那是因为他们的心态出错了。当遇到困难时，我们要认真分析，进而产生有利于自身的观点，来驱走自己悲观绝望的心理。这就是理想化的幸福观。事实上，我们在追求幸福的道路上真不缺少物质和客观条件。

幸福是什么？就是一份宽容的心情，就是一颗乐观的心灵。只要我们对一切困难保持乐观的心态，那幸福就会萦绕在我们身边。每天看着阳光，然后冲着天空大喊："我是幸福的"。这样，幸福自然就会来到你身边。只要乐观的心态在滋长，我们的幸福感就会更强烈，永不磨灭。

第四章
睡在金钱堆里也不安

第一节
物质倍增精神递减

世界发展到今天，人类对社会的认识有了巨大的进步。以往，人们认为社会就是一个松散的集体，是一个进化了的集体生活群体，至于对个人独立生活的影响，是微乎其微的。今天，尤其从现代化建设和城市建设的兴起以来，越来越多的人认为，社会就是一个强大的系统，能保护个人，能为个人发展带来便利条件，更能为人生带来持久的幸福。

在这种情况下，社会的作用越来越强，个人的力量开始融入社会中去，只有这样，个人才能大展宏图，才能成为一个合格的社会成员。今天，中国经济已腾飞，每隔10年，就会实现一次大跨越式发展。未来的10年内，中国将全面实现小康社会的奋斗目标。由此可见，中国社会的物质财富已极大丰富，越来越多的中国人能过上安康舒适的生活。中国经济成就世界瞩目，世界各国经济学家以及研究机构公认，中国将引领21世纪的世界，中国经济将影响全球。在这种情况下，中国人开始追求一种更理想化的生活方式，即幸福生活。

进入21世纪的第二个10年之后，人们一直在争论：什么才是理想生活？怎样才能获得幸福？就目前来看，世界各国研究机构普遍认为，中国经济飞速发展，世界瞩目，但中国人的生活质量却未因此提升。相反，随着经济的快速发展，人们的生活质量在下降，幸福感在缺失。根据美国学者发布的研究报告让人们再一次反思中国过去30年经济快速增长的得失。由经济学家伊斯特林（R. Easterlin）领衔发表的论文《中国的生活满意度：1990-2010》（China's Life Satisfaction, 1990-2010），指出在过去的20年里，中国普通百姓的生活满意度呈急剧下滑的趋势。也就是说，多数人在2010年的幸福感还不及1990年时的情况。这与同期中国经济的高歌猛进形成了强烈反差。

中国经济的发展和国人生活满意度的下降，再次证明世界幸福经济学鼻祖伊斯特林（Easterlin）提出的"伊斯特林悖论（Easterlin Paradox）"，即一个国家的经济发展越快，国民的幸福指数越低。中国改革开放30多年，其创造的社会总财富比历史上任何一个时代都要多上百倍，但国人的生活质量没有发生更高的提升。关于这个问题，我们需要从深层次去解剖，去发掘。众所周知，中国30多年的改革开放是破除旧有计划经济体制，建立全新的市场经济体制的过程。在这个过程中，旧有的社会保障制度被全部分解、消除，而新的市场经济体制下的社会保障制度却不曾建立起来。在这种情况下，处于社会中间部位的青壮年一代将很难获得社会保障。他们夜以继日地工作，每个月的工资只够生活。一年到头，银行账户上没有一分存款，基本上没有保障。很多人过着得过且过的生活。一旦放眼长远，人人都会嗟叹不已。

由于提倡经济建设，中国人的贫富差距越来越大，形成阶层分明的社会等级，这是我们社会主义大家庭绝不允许的。表现在制度上，就是中国经济体制不完善，尤其是竞争机制和税收制度，与世界先进国家有明显的落差。在中国，很多人都希望自己能"老有所养，病有所医"，但这目前还只是一句口号，经济的发展明显破坏了社会制度的建设步伐。中国社会科学院曾做过一项研究，得出的结果是中国的社会建设比经济建设起码要落后十五年。

在经济建设与社会建设严重脱节的情况下，中国人要寻找幸福是很困难的。世界各国对幸福的研究已相当深入，但都没有得出一个统一的、科学的、相对稳定的结论。就中国人来说，幸福就是一种生活体验。从《论语》中，我们能看到"不患寡而患不均，不患贫而患不安"之说。患，苦也。关于"苦"，这完全是人心理上的体验，带有强烈的主观色彩。结合今天的情况看，中国人已被物质主义生活束缚了几十年，而物质是最不能承载感情的。当国人产生与"审美疲劳"类似的心理感受时，物质生活显得非常低俗，并表现出它丑陋的一面。越来越多的中国人认为，要想成为一个幸福的人，就必须充实自己的精神世界，物质只要适可而止就好。

贫富分配不均对国人幸福的影响非常之大。就专业角度来看，贫富差距拉开是经济现象和经济行为直接导致的。但经济的确是社会的基础，它会深刻影响政治和文化。就政治层面来说，它会影响国家的综合实力，进而使决策者改变社会管理模式，深刻影响国人的生活；就文化方面来说，经济发展太快，会导致浮躁文化的产生，压抑正统高雅文化，从个人到制度两方面影响社会。其实，经济发展快是一种好现象，但人的因素会影响其健康状况。世界上没有十全十美的人，所以，也不会有十全十美的经济现象。

在这种情况下，中国人看到社会的残酷现实，产生种种不和谐的思想。一个上升中的经济体，其中往往带有超强的竞争和道德的缺失。当一个人看到另一个比自己实力弱的人却比自己生活得好时，他的内心会产生强烈的刺激，并认为社会对他不公，更不必说获得幸福了。通过研究，越来越多的学者认为，社会不公是消灭国人幸福感的最大杀手。在一个理想的社会内，有能力的人获得的成就会很大。相应的，能力差的人总是弱不禁风。有一些实践主义者认为，这只能停留在理论上，现实中根本无法实现。但是，今天的世界已发展到前所未有的新高度，人与人之间的交流方式发生了深刻变化。在地球两端的人，同样可以通过语音视频互相问候。以此为背景，社会关系及人际关系都走向透明化、纯洁化。"能者尽其才"成为可能。因此，理想的社会今后也能实现。那时，社会成员大部分会感觉幸福美满。

在这个发展过程中，国人不但感觉不到幸福，反而会产生强烈的失落。这就是表现出来的国家管理体制中的漏洞。就目前的情况来看，中国人的思想观念正在改变，即从物质享乐主义向精神享受主义转变。这是一个必然的趋势，国家管理部门或政府如果不及时从政策层面进行改革创新，那中国至少有两代人不能体会到未来30年中国社会创造的幸福。

当今，中国人的家庭财富比过去30年有了跨越式发展。人人都可以住宽敞的房子，家家都没有赋闲的劳动力。本来，国民应该感觉非常幸福，但是，社会上出现的种种反常现象，让他们常常处于一种失望和绝望之中。社会产生仇富心理，产生不和谐气氛，严重影响了政治文明和经济文明建设。在这一大环境里，国人更谈不上所谓的"幸福"。

今天，经济增长已不是一个社会的最高目标，因为经济增长可能会给国民带来的只是物质享乐主义和道德沦丧。一个社会的保障制度，尤其是养老和医疗保障制度直接关系到国人生活的幸福指数。

物质是有形的，我们可以触摸，当它多到极限时，我们会看到的只是一堆废物，而不是让自己产生强烈幸福的奢侈品。只有当软硬的、无形的价值升值到足够大时，人们才会获得幸福。

第二节
人心不足蛇吞象

自古以来，中华民族就流传着一句箴言，那就是"知足常乐"。在中国历史上，只要是知足者，大部分都能与幸福相伴，过上快乐的生活。当今，越来越多的人认为，社会是多样的、复杂的，我们只有不断索取才能获得幸福。越来越多的人认为，一个社会成员要想获得更强烈的幸福感，就必须满足自己的欲望，无论欲望多大，都要得到满足。这样，人生才会美好，才会产生幸福。这里所说的欲望，就是一种不知足的精神。

在这种精神的作用之下，越来越多的人感到自己不幸福、不满足。就目前的情况下，中国人已解决温饱问题，而大部分人则认为，自己没有大笔存款，买不起房，买不起车，所以生活一点不幸福。针对这种普遍不满的现象，《人民网》人民论坛问卷调查中心发布了一项共有8641人参与的大型调查，结果发现，尽管并不缺衣少食，可70.1%的人认为自己仅仅是处在解决"温饱"的状态。绝大多数人表示，自己仍面临住房、工作、医疗等诸多烦恼。总体来说，大约90%的人认为衣食无忧后，幸福感不升反降；仅有3.5%的受调查者表示"知足常乐，感到快乐"。

在此情况之下，中国社会出现一种不正常的现象，当一个民生工程完成之后，人们不会因此而产生幸福，而是产生强烈的不满足感，并认为他们的理想生活远远高于现状。当一个人还在上小学时，他就羡慕中学生活；当上中学时，他就开始羡慕大学生活；当上大学时，他又开始羡慕上班族；当上班时代到来时，他竟然又羡慕功成名就的人士；而当他功成名就时，他又开始羡慕最普通的平淡生活。就这种现象看，人们始终不满足于生活现状。最终，一切还是回到原点，像是一个轮回。但是，如果我们一开始就保持一颗"知足常乐"的心，那人生的每段经历都是幸福的。

在人们的温饱问题得到解决的今天，社会已有了明显的进步，就这一点来说，人们应该感到满足、幸福，不过经济发展过快，很多人享受不到日新月异的物质成果。因此，很多人认为自己的生活不幸福，甚至有人认为，自己的生活一团糟，没有幸福可言。认真分析一下，其主要原因还是对社会要求过多，从而产生过多欲望，当这些欲望得不到满足时，那他的生活将会不幸福。就当今形势看，老年人比青年人的幸福感强烈。之所以会这样，还是同样的原因，那就是在欲望的满足上，老年人更明白"知足常乐"的道理。

走在大街上，随便找位老人问话："你生活上有幸福吗？"老人必然会精神百倍地回答："有啊！新社会就是好，好到了极点。"如果你再问一位青年人，是否有幸福，他十有八九会告诉你："我生活压力大，上有老下有小，很艰苦，没什么幸福可言。"由此可见，社会给予人们的东西很多，但青年人依然觉得很少，而老年人则心满意足。在这种情况下，才有了两代人两种截然不同的观点和心理状态。至于老年人，他们都经历过改革开放之前的一段艰苦的岁月,曾经过着"衣食无忧"的生活,所以,他们更容易满足现状。就古今对比来看,现实与过去产生强烈反差,在此基础之上,他们便产生对现实生活强烈的满足感和幸福感。而青年人,他们的生活基础优厚,而且并未有过缺吃少穿的日子。等到他们成人之后,社会给予他们不少,但由于社会层面的一些缺失,使得他们对现实产生强烈不满。在这种情况下,即使青年人很有钱,但对社会和生活依然不满,从而失去稳定的幸福。

32岁的李琳(化名)在一家世界500强企业工作,在旁人看来,她是同龄人中的佼佼者:工作稳定、收入丰厚,在北京靠自己的打拼有了房、买了车,不久前还嫁人组建了自己的家。但李琳却经常愁眉不展,她解释说,她自己常常不知道整日忙碌为了什么。"快乐、幸福好像离我越来越远了。记得上学时,去校门口吃个麻辣烫,在地摊上买条牛仔裤都会高兴很久,但这两年,已经很少能找到那种幸福的感觉了。"

这位李琳女士的话,相信代表着大部分青年人的心声。这在近三年的时间内表现得尤为突出。很多人认为,中国经济发展飞快,人们的生活水平得到提高,但精神世界却越来越荒芜,在民间或学术界都率先发出这样的疾呼,后来,政府开始关注,2007年,中国政府即提出"幸福社会"的概念。由此开始,中国开始走向更稳定、更高质量的理想社会建设中,即"幸福社会"。

很多人认为,社会是复杂的集体,无法捉摸。更多的时候,人们喜欢不妥协的精神,认为这是一种进步力量,是一种积极进取的精神。因此,不妥协成为不满足的一种代表。就是在这一思想的作用之下,越来越多的人感到自己不幸福。他们拥有了一百万,就想着赚一千万;拥有一千万,就想赚一个亿……这样下去,追求的目标永无终点,而生活上的满足感永不会到来。苏州荣格心理咨询中心高级督导王国荣说:"幸福是一种长久的、内在的、坚定的心理状态,并非短暂的情绪体验。"幸福与否并不是赚钱时的快乐,花钱时的痛快,很大程度上取决于很多和财富无关的因素,例如工作稳定、身体健康、婚姻状况以及人际关系等,这与个人对生活的认识、社会的发展也有很大关系。

这就告诉我们,生活幸福是一个综合性指标,单单以金钱多少来衡量是不科学的。金钱是什么?金钱是社会交往和地位产生的基础,但绝不是实现幸福生活的唯一途径。如果我们的生活以金钱为衡量幸福的唯一标准,那生活将会产生种种不正常的变化。就人内心来说,它会让人产生堕落、腐朽,甚至是丑陋的一面。一个人过分追求金钱,便会产生心理上的享受欲和生理上的占有欲,而且在追求的道路上,没有一个明确的目标。这种意识的产生,便会给自己的心身带来极大伤害。起码,一个人在精神上是会堕落的,会失去人生的本能。欲望发挥到极限时,总能表现出一个人丑陋的一面。当一个人的金钱多到极限,并不通过辛勤劳动而获得时,这个人就会产生低俗、怪异,甚至是离奇的念头。但这些也不是唯一的论断,因为还有其他社会因素严重制约着国人的生活幸福。

有专家表示,经济发展与幸福提升形成的"幸福悖论",有着深层次的心理学原因。英国莱斯特大学的社会心理学家们也对现代中国人幸福感下降的原因进行了分析。总体来看,有以下几点原因:

缺乏信念。在经过20多年冲刺般的财富赛跑后,一些人除了赚钱,不知道人生中的目标与追求到底是什么,甚至不知道自己究竟想要什么。这种缺乏信念与理想的状态,难以产生长久、快乐的幸福。

老爱比较。现代人把主要精力都投入到竞争中,比房子、比职位、比财富……比来比去,人们的心里只剩下欲望,没有了幸福。

一旦人追求的不是如何幸福，而是怎么比别人幸福时，幸福也就离你远去了。

不善于发现阳光面。生活中有许多积极的、好的方面，但许多人却忽略了它们，"只看到自己的不幸，忽略了自己的幸福""放大了别人的幸福，缩小了自己的快乐"是其真实写照。一些媒体为了吸引人们的眼球，也对生活中的负面事件大肆宣传报道。虽然在一定程度上满足了人们的好奇心，但同时也削弱了人们的积极心态。

不知足。俗话说"知足者常乐"，但能知足的人越来越少了，有了房子想换更大的，有了工作想换更好的，有了钱想赚得更多……这些欲望，指使着人们无休止地奔波劳碌，硬撑着去争取登上那"辉煌"的顶峰。

不知道奉献。美国哈佛大学一项研究曾显示，在生活中多去帮助他人，能让自己感到更快乐。但在现代社会中，乐于无私奉献的人越来越少，喜欢斤斤计较的人越来越多。如果你总算计着"我能从中得到什么""做这件事值不值得"，就会生活得很累。

相互不信任。社会虽然通讯高度发达，但人们的心灵却渐渐疏远了。现在的人越来越倾向于"右脑"思维模式，而右脑掌管个体、权力、地位等，对于幸福的感受度是0。幸福感来自于左脑的感受，很多时候不是生活中的幸福少了，而是人们不再掌握感受幸福的能力。

过于焦虑。购房、子女养育、家庭养老负担等问题；因为职场晋升空间感到担忧而产生的工作压力；朋友同事之间人际关系的处理等都成了中国人的"压力源"。在大城市中，无论老人、年轻人还是孩子，多处于一种烦躁不安的焦虑状态，这让人们无法从心底感受到幸福。

解决以上问题最重要的一点，就是常常怀有"知足常乐"的心理。如果能保持这一心理，以上问题都会迎刃而解。殊不知，"人心不足蛇吞象"，这滋味真的好受吗？真的会产生满足感和幸福感吗？相信经历过的人都明白。

第三节
自身利益不能无限伸张

现实生活中，人们总是认为自身利益是第一位的，因为涉及利益，就与自身休戚相关。无论做什么事情，或面临什么情况，大部分人首先想到的，是自己的利益，然后才是别人。在一个社会内，这种现象长期存在，必然会给社会带来负面影响。因为，一个社会成员过多考虑自身利益，健康的集体关系和人际关系必然会受到破坏。人与人之间的不和谐，必然会导致社会的不和谐。在这种情况下，个人利益会膨胀到一个高点，最终让社会秩序混乱，让国家处于一种停滞不前的状态中。

就目前的情况来看，中国人的个人欲望已膨胀到顶点，自古以来，前所未有。一些腐败、庸俗和落后的思想时时出现，造成社会越来越不健康。随着经济的发展、政治的进步和文化的繁荣，这些现象被控制在一个范围之内，但稍有不慎，则会让整个社会走向极端。在这一大背景之下，中国政府提出"反腐"论调。当然，这不仅仅是反对政治腐败，更是反对社会风气败坏，防止国家走向危险极端的疾呼。

当今社会，人们拥有基本的住房保障，他们就渴望住别墅；当人们刚刚拿到驾照，他们就渴望开奔驰、宝马；当人们能闯出一片天时，他们就渴望历史能永远记住他们。因此，很多人认为，这是中国社会的一种进步，但就精神层面来看，这完全是一种精神文明的落后。在今天的社会上，人民追求幸福生活，但什么是幸福生活呢？事实上，能安定地生活，能用心地珍惜每一分每一秒，能完成每项工作任务，并不好高骛远，这就是幸福生活。

在一个人的发展中，往往要接触各种各样的环境和人，其中有一部分人的地位、名誉、金钱占有量都在自己之上。如果他不能保持一颗淡定、谦和的心，那他很可能会通过不正当手段来获得别人的青睐，并将别人的地位、名誉和金钱占为己有。如果这种获利方式成为一种常态，那他将会走上不归路。一旦出现这种人，社会无疑会产生巨大波澜，一般情况下，这种波澜会让社会动荡；特殊情况下，它会让社会产生整体腐败，并为国家带来长期的、无法估量的损失。

就个人而言，在追逐利益的道路上，个人利益不能得到长期满足时，就意味着追求依然在继续。它像一个连环的欲望链条，一旦脱节，那整个链条都会松散，失去作用。在这种情况下，人的精神会失落到极点，甚至有人认为，一个人会走向绝望，走向犯罪。如果以上情况都出现，那我们的生活根本谈不上所谓的"幸福"。就个人利益而言，只要我们能获得生活上的自由和人生上的满足，那利益就可以适可而止。为了获得真正意义上的幸福，有时我们需要放弃自身利益，来赢得集体利益。这样，人生才能升华，生活才能幸福，社会也因此而进步。

自身利益无限膨胀，必然会让自己产生自私自利的性格。英国有句谚语，"点燃别人的房子，煮熟自己的鸡蛋。"这是典型的自私自利行为，在别人眼里，这是一种损人利己，不能让人接受的行为，但在做事者心中，这是一件极为有意思，并能获得大量好处的事，正所谓"自己的快乐建立在别人的痛苦之上"。这就是利益问题处理得不当的表现。在一个社会中，当利益处理得不当时，社会成员都会产生异样的生活行为，影响个人的生活。在追求理想的道路上，他们往往不能顺利到达，甚至出现南辕北辙的情况。在此种情况之下，更谈不上"幸福生活"。

当一个人的生活出现问题时，往往表现在利益关系分配上。当一个人感到自己的生活过于苦难时，那他的自身利益就得不到保障，这是一种过去缺失的局面；当一个人感到自己生活得过于孤单时，那他的自身利益就过分优化，导致别人心存不满，致使人际关系恶化，自己陷入孤单的境地。很多人认为，越来越多的人感到自己不幸福，就是因为他们过分强调自身利益。在一个集体中，你已经能获得大量荣誉和金钱，但却不满足，认为自己只有拥有整个集体，才有成就感。在这种情况下，更多的人会认为你轻浮，自不量力，甚至会认为你无知。长此以往，你与大家的关系必然会受影响。就主观方面来看，这是一种极大的失落感，心理上必然会产生震动，并判断自己生活在不幸福之中。

事实上，无论从主观还是客观上判断，我们都能发现，幸福是一个既相对又绝对的概念。所谓相对，是因为它在很大程度上是靠人的主观判断的，即在一个恶劣的环境中，我们往往会因为种种情感的交织，使我们认为自己是在幸福之中，自己在享受幸福；所谓客观判断，即社会学家和心理学家所认为的那样，当一个社会处于相对稳定的状态时，使得自己的心灵长期处于一种安静和健康的变化之中。这样，人的幸福就会产生。如果个人依然感受不到幸福，那这个人在主观意识上出现了问题，而实际的幸福生活就在他身边。

综合以上两点，我们能发现，一个人获得幸福往往要经过一个复杂的认识和判断过程。如果人的能力、知识以及阅历不够丰富，那他将会失去幸福生活。幸福与利益是两个完全不同的概念。很多人认为，自身利益得到满足，那自己就会拥有幸福。这种观点也有其正确一面。因为自身利益获得满足的一段时间内，人的精神是亢奋的，是处于较稳定的满足和幸福中的。但是，它不能长久，当好奇心和满足感消失时，一切都会消散。那时，新的欲望产生，并让人投入到另一场拼杀中去。这时，无所谓幸福，只是一种欲望的升腾和满足。

当我们渴望实现理想的幸福生活时，那我们就要放弃一些自私自利的东西。在面对一切不安定和危险情况时，我们往往需要坚持己见，并让人生沉淀，凝结在心灵上，最后发泄出来，形成自己的观点，并以此为动力，为自己的幸福生活添砖加瓦。很多时候，中国人需要一种放弃精神，即放弃个人主义、自私自利心理，甚至是被动接受的心态。因为幸福是最美好的，对每个人都是公平的，稍微掺杂一点自私自利，那幸福生活将变得非常糟糕。另外，如果我们始终保持一颗被动接受的心理，那将是非常苦闷的事。就当今社会来看，越来越多的人能过上充实的生活，真正不富足的人越来越少。在这种情况下，我们不能被动接受，而是要主动发现，寻找并抓住幸福。

依然是说自身利益问题，如果我们的利益被放在人生发展的第一位，首先，我们会失去亲情。在亲戚之间，如果我们过分重视自身利益，那人生道路就会发生转折，造成亲情破裂，甚至有的过分重视自身利益的人，将妻子的金钱也占为己有，并挥霍殆尽。这样，家庭关系破裂，造成社会悲剧。其次，我们会失去友情。这是最普通的道理。当一个人过分追求自身利益，他将失去越来越多的精神财富，其中很重要的一笔财富就是友情。人与人之间应该平等交往，一旦某人过分自我主义，势必破坏大局，进而社会关系破裂，其中最大的损失就是友情。最后，我们会失去爱情。众所周知，爱情是昂贵的，也是要付出大量的精力的。如果我们过分考虑自身利益，必然会受到对方的猜疑，甚至是反感。长此以往，感情必然被破坏，一对情侣只能走上分手的道路。

不得不说，一个人自身利益膨胀时，往往会带来不必要的损失。当一个人爱人、惜人时，才能看出他的伟大，才能获得应有的幸福。在今天的社会上，越来越多的人拥有幸福生活，但却没有真正地感受到幸福，主要还是因为他们过于自我，始终以自己为中心，并接受着另类的生活方式和社会思想，造成社会关系畸形，最终产生不幸福。在这种情况下，要想改变状态，就只有改变内心。

真正的幸福是什么？就是要有自知之明，并为生活的光彩添加活性因子。个人的、封闭的思想和行为必然会使人产生孤立状态，影响个人的幸福生活。在社会上，一个人不能没有私欲，但如果私欲过大，就会产生孤独、冷酷和对立的心理。只有自身利益的追求被控制在一个合理范围之内，那我们将会更幸福。

第四节
生活奢侈的人精神荒芜

很多专家都认为，一个国家之所以被称为发达国家，主要看科技发展和消费水平。至于奢侈品消费，更能反映出一个国家国民生活水平的高低。因为奢侈品是高端消费品，只有消费实力过硬的群体才有购买力。

从表面上看，奢侈品消费是国家经济发展进步的标志，所以，很多国家的政府和管理机构鼓励国人进行奢侈品消费，拉动经济增长。这是经济发展的一个必然结果。从经济数据和政治业绩上看，奢侈品消费是最容易表现出其发展成果的。这是经济发展的客观趋势，但由于人的主观意识的作用，使得其与现实产生巨大矛盾，即奢侈品消费越多，经济状况越好，但国人的精神世界却越来越荒芜。奢侈品是高端享受型产品，价格极高，只有高收入人群才能消费。今天，中国的有钱人越来越多，大部分人都有消费奢侈品的经历，形成了全民消费的态势。

在这种情况下，国人在物质上或许得到了满足。不过，精神生活却受到极大冲击。因为奢侈品的贵重程度总是与精神进步成反比,也就是说,越贵重的奢侈品,对精神进步的作用越小,甚至能使精神倒退。就人的本性来说,大部分人愿意追求更高品质的生活,而且,他们一般都认为物质奢侈就能获得更高品质的生活。这与中国长期的发展历史和伦理有很大关联。

在中国,近百年的积贫积弱,让中国人对物质产生极度的渴望。长期以来,人们过着食不果腹的生活。改革开放之后,中国进入经济建设的快车道,很多人通过自己的努力,获得了一份安定的生活,有了丰厚的物质基础。在这一背景之下,人们开始追求幸福生活。由于他们的经历坎坷,以及历史惯性,大部分中国人认为享受物质生活是获得品质生活的唯一源泉。因此,中国人在手中握有大量金钱之后,并没有进行科学管理自己的资产,而是片面追求物质享受,将大量奢侈品购买回家,用超过市场价的价格将国外奢侈品买回来。他们普遍认为,从前自己是穷人,而今天,自己已是富翁,必须好好享受生活。

然而,他们对生活的认识还不科学,甚至有犯错的倾向。在身体上的舒适感得到满足之后,他们依然没有发现,自己的心灵已一片荒芜,甚至有的富翁或中产阶级会发现,自己一切都有了,幸福却依然未眷顾自己。这还不是最严重的,更有甚者,他们在长期的物质享受中忘记了自己本身,更不必说精神世界了。他们开始走上不归路,甚至开始吸毒、犯罪,等等。因此,我们可以这样认为,过分追求物质享受会让人的精神沦丧,让人产生心理上的堕落感。在这种情况下,生活本身会发生变化,最终将那短暂的幸福断送,换来的只是漫长的孤独、黑暗和冷酷。

一个人如果失去太多,他就会想方设法找回失去的东西;如果一个人得到太多,那他就会不思进取,让自己沉沦下去。因此,更多的人认为生活是双刃剑，要么过于残酷，要么过于美好。其实，这种观点也有些偏颇。就生活本身来说，的确有残酷与美好之分，但两者之间并不是泾渭分明的，而是一个循序渐进的过程。有时，残酷中掺杂着美好；有时，美好中也掺杂着残酷。本来，一个人在心理上的感受是复杂多变的，不可能有机械的、黑白分明的变化。

真正能获得高品质生活的人，往往需要大量的知识和强大的能力。只有这样，他们才能产生一种心理定式，进而形成惯性，最终使人生境界升华。在这种情况下，更多的人愿意追求一种更完美、更理想化的生活，但他们总有一个误区，那就是片面追求物质享受，认为精神是虚无缥缈的，看不见摸不着，真正对生活起决定作用的，还是物质世界。在这一思想的驱使之下，人们的精神世界越来越被边缘化，成为物质世界的附属品。更多的人认为，只要生活在现实中，就要用物质包装自己的生活，这一思想在当前的社会中大行其道。许多人都认为，有钱就能拥有一切，因为世界是属于金钱的。就当下而言，我们的国家还在发展，一切以经济建设为心中，但作为一个国民，是否应该更重视生活中的精神世界呢？这一点对衡量一个国家进步与否至关重要。

现在，如果一个人有一千万，他首先想到的是买房买车。之后，他还剩下一部分钱，在这种情况下，他就开始追求享受，选择购买更高级、更昂贵的物品。就目前的中国市场来看，高端消费品市场销售服务还不完善，人们购买意识和水品不是很强。在这种情况下，很多的人是盲目消费，导致市场更加无序。本来，高端消费品或奢侈品消费是一种高技术含量的工作，如果你足够精明，购买时就不会吃亏，能省下一大笔钱。因此，高端消费品价格跳跃性很大，而且很容易给客户带来错误的理解，使得他们愿意掏钱购买。在这方面，国家管理部门一直在进行整治、规范。但人们依然在不理性消费，他们"见好就收"，不问价格，使得高端消费品市场成为一本万利的行业。

之所以会有这样的局面，根本原因是国人对物质生活的错误追求。就目前的社会来看，人们越来越富有，经济基础越来越好。在这种情况下，更多的人愿意享受生活。就享受本身来看，人们只追求物质享受，长期富有的精神财富锐减，这几乎在每个人身上都存在。现实中，追求精神的人被看不起，甚至会遇到种种困难，使得社会和谐气氛被破坏，最终影响到每个人的生活。就这一点来说，中国人目前是不幸福的，因为他们始终没有将精神财富提升到与物质财富一样的高度。对一个理想人生来说，精神享受要远远高于物质享受，才算是一种幸福生活。而幸福生活本身的定位，往往也是从人的主观思想状态和判断入手的。既然幸福生活存在于主观世界里，我们片面地追求物质世界享受，必然会适得其反。

钱可以让人生活得奢侈，在这种情况下，越来越多的人在享受主义和惰性的驱使之下，更愿意过奢侈的生活，表现在现实中，就是漫无目的地花钱，为自己带来生理上的舒适感和满足感。很明显，生理是稳定的，但也是极其有限的，而且极易被损坏。当物质过分腐朽时，人们便会产生生理上的不适感。如果继续奢侈，生理必然会产生变化，甚至发生疾病。如此，不必说享受了，就是生存也会出现问题。就精神享受方面来看，心理空间是变化的、无限的。如果我们大量吸收精神食粮，精神也不会发生巨大变化，更不会消失。在这种情况下，如果精神享受过分，会通过镇定、睡眠等方式调整过来，并不会对心理或生理产生过分冲击。所以，追求精神享受是更高的境界。对个人而言，物质享受只是一种外在享受，不能长久；对一个国家来说，精神享受才是永恒的，物质享受只是阶段性的。

有时，物质生活能与精神生活相辅相成，但就目前的中国现状来看，人们的物质生活与精神生活呈现对立的局面，也就是说，物质生活越丰富，精神生活越荒芜；反之亦然。就目前的情况来看，一个人的物质享受过度，很容易让一个人的精神变得病态，导致一系列的病症，最终让人的身心全部颠覆，进入一种危机状态。真正的幸福是什么？就是物质促进精神愉悦，使物质世界为精神世界服务。一个没有纷争或一个相对安定的生活，主要表现在精神层面上，可以让人直观看到的，只是现实与理想结合的产物。

要想获得幸福生活，最需要珍惜的，就是精神世界。毕竟，幸福是主观上的东西，只要我们还在追求什么，就应该有一个健康的精神面貌。当每个社会成员都认为，过分追求物质享受会伤害精神世界时，那我们的社会就会产生"质"的变化，并真正成为一个世界公认的"幸福社会"。生活不能奢侈，不能过分追求，否则就会让我们产生过多低俗的念头，甚至是不轨之念。

第五节
有钱能使鬼推磨

从古至今,人们一直信奉"有钱能使鬼推磨"。在一般人眼里,金钱是万能的,它可以支配世界上的一切事物。因此,无论什么时代,人们对金钱的渴望由来已久,生活需要金钱,因为我们有人际关系,有健全的社会制度,还有强大的市场。无论怎么样,中华民族是有历史的民族,而且中国是一个资源富饶的国家,创造财富是一种人生追求,获得金钱是一种生活必然。很多时候,金钱是经济的血脉,在经济发展中,金钱越多显得国家越富强。就这一点来说,当今中国已得到长足发展,并成为世界极具影响力的国家之一。

作为一个普通人,身上带有大量金钱是一种快乐的事情,但如果你终日自以为是,并将金钱看成是世界上唯一的灵丹妙药,那你一定会犯错。随着社会管理方面的不断透明化,在中国,金钱在社会中的作用会越来越弱,但是,金钱在生活中的作用会越来越强。在这方面,中国人常常将两者混淆,认为金钱不但是生活中的万能钥匙,而且能在社会管理中发挥不可替代的作用。

之所以会有这种观点，主要是因为人的内心总是存在私心。这种私心让很多人觉得，官员也有生活，他们需要金钱，这样才能享受生活。以此为切入点，很多商人或有钱人在官场活动，用金钱来与官员们说话。其中一部分官员禁不起诱惑，犯下错，但很快，他们就被绳之以法。金钱成为他们仕途中最大的克星。

社会上还流行着一种观点，那就是金钱能使人变坏。对于男人来说，有钱才能表现出风度，有钱才能让别人尊敬自己，有钱才能拥有美好的爱情；对于女人来说，有钱才能将自己打扮得漂亮，有钱才能享受奢侈的生活，有钱才能让男人围着自己转。由于这种关系，大部分人都喜欢通过金钱实现生活上的无度和奢靡。凡此种种，人们都认为，有钱能使鬼推磨。是社会风气这样，还是人心所向，我们不得而知。

有钱能让人变坏，有钱能让人变得轻浮。因此，金钱是毒害心理的物质。起码，在它不被合理使用之时，一定会对人生产生负面影响。无论什么时候，很多人的心理都被金钱捆绑着，越来越多的人认为，金钱一定会给生活带来幸福，但就目前对金钱观的认识，很难达到这一点。在中国，人们更愿意用金钱买享受，却不顾精神层面的提升。所以，金钱能给人带来物质享受，却无法实现精神上的满足，更达不到幸福生活的目标。

就人际关系方面而言，大部分人坚持一种错误的观点，那就是"有钱能使鬼推磨"。只要有钱，人们就能让人际关系好起来，就能办到一切事情。很明显，这是极不科学、极不健康的论调。金钱作用被过分夸大之后，会使人的行为发生变化，进而影响到思想。更多的时候，行为影响了思想，使得思想越发稳定。因此，实践中的人际关系常常被利益左右，表现最明显的，就是金钱关系，而且屡见奇效。这就形成一种局面，一个人在用情感维系人际关系时，总是出错，但一旦金钱出手，关系马上好起来，而且相当稳固。在此基础上，社会形成各种等级和尊卑的观念，人际关系也发生"质"的变化。

从长远来看，金钱维系的关系很危险，因为它一旦发生质变，就很难挽救，甚至会产生利益纠葛，让人际关系陷入极度危险之中。在中国，由于人与人之间的关系异常复杂，而且人情味较浓，金钱关系显得更有杀伤力。金钱关系的背后往往带有深刻的情感因素，而且这些情感受金钱左右，形成一种无钱即仇敌，有钱即恩人的关系。两者在一起交织，一旦某一方面出现问题，即会影响全局。一些不法行为，甚至是杀人越货的行为，都是出于这种关系。

随着国家的发展，教育体系的完善，中国人的认知水平和知识水平会越来越高，对人际关系的理解也越来越科学。在这种情况下，金钱为主导的人际关系必然会调整，取而代之的是以情感维系为主，金钱关系为辅的局面。就目前情况来看，它还处于起步阶段，但发展成熟应该很快，因为中国人有良好的情感基础。

人们常说，"有钱能使鬼推磨"。这并不科学，对于今天这个需要科学论证现实的社会，这样的观点是站不住脚的。从经济层面来说，在金钱主导的社会里，社会成员的行为无时无刻不被金钱左右着。随着社会透明度的深化，中国社会越来越进步，国民素质越来越高。他们明白，什么样的行为可以用金钱手段解决，什么样的事情必须大公无私。就这一点而论，中国人的素质在提升，他们能更加适应越来越现代化的社会以及国际关系。

金钱固然要拥有，但我们不能用金钱来代替一切。中国需要经济上的成就，需要强调金钱在国民生活中的作用，但如果我们一切以金钱为中心，并过分无度地使用金钱享受生活，那金钱将是万恶之源。我们需要金钱，但它不是古人所说的那样——"有钱能使鬼推磨"。我们生活在现代社会,不必为金钱主宰的社会做任何修饰,当我们拥有大量金钱时,依然会发现金钱不是生活的全部,那我们将会收获很多,因为我们还有精神世界。

第五章
不幸福都是自己找的

第一节
过分追求幸福物极必反

中国有句成语,叫"物极必反"。这是《易经》的经典思想。它告诉我们,无论做什么事,都要有"度",这样才能获得长久的快乐和满足。经千年流传之后,中国人发现,这一成语中的道理越来越博大,越来越精深。人人都知道,今天的中国是一个物欲横飞的社会,人们为了获得金钱,为了获得享受生活的资料,不惜一切代价地追求物质需求。在这种情况下,越来越多的人认为,社会是有形的,生活是物质的。随着国家的发展,人们思想观念的发展与进步,很多人开始追求幸福生活,而他们的出发点却是以物质为中心。从这一现象来看,中国人的幸福社会建设并不完美。因为人心总是向"钱"看。

拥有大量金钱的人往往欲望很强,经过实践发现,自己一生已什么都不缺,但一想到追求幸福生活,却发现自己缺少了情感。而且,长期的社会实践让他们发现,自己想再融入群众中去变得很难。于是他们开始寻找机会,寻找与穷人一样的精神生活。在这条道路上，他们走得并不平坦，由于强烈的落差，以及穷人相对朴素的生活，让他们接受不了。在这种情况下，他们开始过分地追求幸福生活。比如，你已有房有车，家庭和睦，朋友众多，事业顺利。此时，你已什么都不缺，但你对自己的朋友总是挑三拣四，看到路人没有给你一个微笑，你心里都会感到失落，并对生活失去信心。

其实，这种感受是没有必要的。之所以我们称美满的生活为"幸福生活"，主要是因为幸福是一种主观的判断，但现实又是存在的，像上面说的那位朋友，客观上，他已处于一种相对稳定、十分幸福的环境中，所以，只要用心发现一下，幸福是无时无刻不在的。但过分追求一种心理上的完美感受，才让他渐渐感到不幸福，甚至是失望。在这种情况下，一些心理专家也认为，保持一颗"适可而止"的心是至关重要的。

现实生活中，每个人的能力、知识和社会背景都不一样，因此，每个人有每个人的心理幸福标准。对一位教师来说，他的幸福就是子女学习成绩好，自己的学生成绩好，每个孩子都能茁壮成长；对一位工人来说，只要自己生活无忧，工作稳定，子女能上大学就是一种幸福；对一位农民来说，只要风调雨顺，年年丰收，子女孝顺便是一种幸福。因此，幸福是有条件的，也是有基础的。就目前中国的现状来看，更多的人喜欢将幸福整齐划一，形成统一的标准。就官方而论，的确应该有一个幸福标准作为参考，让整个社会进入一种有序的、科学的幸福工程建设中。这一点，我们不能否定，但对每个人而言，幸福的产生就是一种判断，国家创造客观条件，而每个人在主观上对这一客观现实进行评定。由于每个人的能力、知识和社会背景不同，他们会做出各种各样的判断。这其中会有幸福者，也有不幸福者。

幸福是人人都向往的理想。拥有幸福能让人精神百倍，能让人的生活质量翻倍提升，能让自身的社会关系十分和谐……正是这种种好处，使得越来越多的人拥护"幸福社会"的理念。中国人渴望幸福，是因为他们从前的生活过分艰苦，是因为他们今天生活得异常美好，是因为他们的未来一片光明。在这种情况下，中国人没有理由不寻找幸福生活。由于过去、今天和未来之间的反差，让越来越多的人开始片面追求幸福生活。也就是说，他们不问能力、知识和社会背景，一味地追求一种大同的、接近极致的幸福生活。

那样的生活就是有房有车，拿高薪，做管理层，甚至是成为企业老板。这样的生活并不是每个人都有的。因此，从目前的情况来看，中国人不可能全部实现这种理想，未来也不可能。一个理想的社会是人人有称心的生活和满意的工作；而一个理想的人生就是事事顺心，家庭和睦，事业有成。但这些只是一种宏观的解释，具体到微观或一个环境，往往需要考虑诸多因素。例如，一个人工作很成功，人事关系和睦，但有一次，一位同事在他背后向领导打小报告。这让他很郁闷，并产生极强的失落感。从这一情况来看，他是不幸福的，如果他片面追求完美，势必会否定稳定的、长久的幸福，只会得不偿失。因此，幸福是适可而止的心理判断和行为驱动。一个人的行为可以无限伸张，但心理一定要健康，即遵从适可而止的原则。

社会是一个大集体，我们要通过实践、努力和奋斗实现自己的人生理想。千百年来，人类一直在追求一种接近极致，也是最理想化的生活。在历史上，西方人提出过"乌托邦政治"；在经济方面，现在已经经济全球化，人类在建设一个更温暖的地球村。当前，更有人将这些结合起来，提出一种全新的社会发展与经济增长路径。于是，世界上的很多国家提出"幸福社会"的概念。就发达国家来说，他们追求幸福的脚步越来越快。

对于中国来说,经济发展过快,人们从贫穷转向富足的时间周期极短。在这种情况下,经济发展依附思想的产生。因此,人的生活观念、工作热情以及事业心都不成熟。他们认为,能获得物质财富就是成功。在这方面的追求多分的时候,人的心理就会产生变化,当你拥有无数财富时,你依然觉得生活不幸福,那你的心理就会产生问题或矛盾;当你已经在无忧无虑地生活,依然觉得自己心里没有快乐和满足,那证明你欲望太强。你才高八斗,依然觉得自己知识浅薄,因为你没有一颗知足常乐的平常心。

很多研究表明,人要想获得幸福,最重要的因素就是乐观宽容。当一个人的心理受到打击时,最需要改变的,是自己的主观认知。相反,当一个人获得满足时,也要产生足够的认识,并将幸福发掘出来,最终实现长久的幸福。但中国就是存在这样的人:他们获得了幸福,却依然攀比,认为别人比自己幸福,所以自己感觉并不幸福。这种现象让众多中国人失去了幸福。为什么人人都追求幸福,而幸福却擦肩而过呢?主要原因便是人的心理太复杂,变化太快。今天,人们对社会的认知,以及对自然的感知力已上升到了极高的程度。他们明白,欲望的满足能让自己愉悦。

我们追求幸福没错,当我们获得幸福时,就要理智面对。可能,它不是想象中的那样,让所有人都羡慕自己,但认真体会,它是一份长久的快乐,是一种自我满足。因此,我们既要爱惜它,又要知足常乐。从某种角度来说,能获得幸福已是了不起的事,更不必说长久地拥有它了。如果我们过分追求,这山看着那山高,那我们的生活必然会一片糟糕,如果过分到极点,会产生逆反心理,最终导致人们的生活质量下降,害了自己,甚至是害了家庭!

第二节
简单生活复杂心情

当今社会越来越复杂，很多人认为，一旦我们的生活没有秩序，那我们就会很容易失去方向。面对异常复杂的社会，我们应该怎样寻找一种自我归属感，寻找一种能证明自己能力的温馨感。这对于一个人的幸福生活起着至关重要的作用。随着社会的发展，国人知识的增加，以及国家整体科技水平的普遍提升，更多的人发现，现实生活很复杂，但我们只要能寻找到其中的规律，那一定就会让它变得简单。这种简单，就是我们每天的工作与生活的每个细节。当这些都成为简单因素时，中国又出现另一种局面，那就是社会越来越容易控制，最终有一种被毁灭的危险。好在中国的社会异常复杂，就算简单，也将难以完全控制。

在不断地发展中，社会显得越来越容易控制，也越来越简单。这是一种文明的进步，但是，进步就带有不妥协，带有毁灭。人们就在这不断的不妥协和毁灭中建立起了自己的一整套思想基础。因此，客观世界变得简单时，人的心理却越来越复杂。在社会发展中，一个人要想有所作为，就必须正面面对问题、正确思考问题、合理解决问题。它往往要涉及分析、借鉴和推理等思维。对于分析来说，它需要参照物，需要从前的案例和当前的状况作为资料；至于借鉴，这完全是一种比较哲学，它更需要大量过去和当前的事实资料；而提到推理，则是一种独立的思维过程，它不需要任何其他外物，但需要建立在分析和借鉴的基础之上。

因此，在社会上立足，并获得一定成就的人，往往需要大量知识和资料，主观上将社会理解成简单的社会，然后用方法、工具和思想将其解决。在这个基础之上，大量现实资料已存储在思想之中。在这种情况下，主观理解与客观世界相吻合，由此，客观世界变得更简单，而人的思想和心理变得越来越复杂。很明显，这就是世界发展的规律。无论怎么样，只要社会在一个异常复杂的状况下发展，人就会作为主体，将其复杂的表象抽取，深藏在思想中，并使客观社会简单化，而人的思想却会越来越复杂。只有这样，客观社会才能始终处于一种被控制、被掌握的状态。

在国际化大都市里，当我们看到一个人在乞讨时，会产生强烈的心灵震撼，会想到这座城市的建设水平，会想到这座城市的文明程度，更会想到这座城市的历史发展，并与当今结合。最后，得出合理判断，让自己产生对这座城市的深刻认识。本来，乞讨行为是一种非常简单的行为，但涉及人为判断时，就不那样简单了。起码，我们需要考虑事件的种种背景，以及引入深刻的线索，甚至是乞丐的家庭情况和社会福利制度，等等。思考者对这些都会综合考虑。在这种情况下，行为本身越来越简单化，但人却需要做出种种思考、判断和理解，然后对行为进行控制和推断。

有时，在一个行为进行起来之前，人往往要综合考虑所有因素，涉及对历史、当前和未来的考量，但因为社会知识有待全面开发，加上人们的文化素质跟不上先进的发展水平，就个人而论，他们往往进行错误判断，导致自己的人生方向发展变化，甚至给客观社会带来强烈冲击。在这种情况下，人的精神世界会变形，最终让人变得冷漠、残酷和自私。对于这种人来说，生活是复杂的，而且无法判断，就算有判断，也是非理性的、盲目的。在他们眼里，社会是复杂的，人的心理却是简单的。正因为这样，他们才对社会产生厌倦，甚至不能融入社会，更甚者，还对社会产生不满情绪。就今天的社会而论，这样的人已越来越少。

社会是平直的，当我们用生活的勇气来实现各种人生价值时，人性的美丽会无限光辉。当人性的美发挥到极致时，那人生就会变得更幸福。在追求幸福的道路上，人类永无终点，但这不代表人类是由欲望驱使的，而是在一种欲望驱动下展现出的人性的美丽。因此，生活越美丽，人性就会越光辉，生活也因此更幸福。

当生活变得复杂，而心情却越来越简单时，我们必须重新定义我们的人生。首先，自己的心理是否健康，也就是说，当我们面对一件事时，会不会发现心理上的认知是正确的，自己的出发点是否是正确的，一切判断是否是正确的。当这一切都做到之时，才能说明我们的心理是健康的。其次，我们的环境是否适合我们生活。事实上，这一点至关重要，但我们现在只想从主观方面谈起，即环境不论好坏，我们保持有利于自己的认识，相信一切都会改变。在这种情况下，人的心理会越来越复杂，对世界的认识也会更正确、更深刻，从而让世界更简单，获得一种久违的幸福。最后，我们的社会是否一直在长足发展。就一个社会而论，发展越快，它所拥有的社会价值就越大，社会成员的精神世界就会越丰富。就这一点而论，中国人应该感到自己生活在无限美好的社会中，事实却相反，人们始终感觉不幸福，主要原因是人们的心理不够复杂。也就是说，人们的思想不成熟，跟不上时代发展，大脑中没有储备足够的社会知识，所以很难判断社会的善恶。不得不说，这是一种悲哀，但政府正在不遗余力地从精神与政策两方面改变着这种现象。

今天，人们渴望一种接近完美的简单，这种简单来源于生活，来源于每个人的行为细节，甚至是简单的问候和微笑。只有这样，人们的心理才能健康起来，才能在一个可控的范围内运动。有人说，心理与客观世界一样难以控制，其实不然，真正的心理存在是一种规律性的，虽然带有复杂性，但与客观世界对照时，依然能看出其规律来。最完美的心理就是自我独立，并正确反映客观世界，从而让自身生活和工作越来越简单，而心理却越来越复杂。这就是一种理想化的生活状态，当它根深蒂固时，每个人都会非常幸福，整个社会会和谐无比。

无论怎么样，人的心理是没有绝对平静的。因此，很多人追求一种健康的、接近完美的心理变化。要实现这种心理状态，首先要使个人思维无局限。也就是说，当我们遇到一件难事时，必须能正确、合理地找到解决的方法；对于世界的思考，也要无局限性，对世界和宇宙有全面性的认识。这样，遇到问题时，我们的思想才不会走弯路，不会出错。

其次，人的生理要健康。这一点也很重要，如果生理上有缺陷，人的思想就会走极端，思想被局限在一个范围内。大部分人生理健全，所以他们有"和"的思维，有共同认识的世界，很少有残酷、不公平的思想。在这种情况下，人们才能建立一种超越平凡的大众健康心理。最后，个人必须认同万物永动和辩证唯物主义的哲学思想。世界是永远变化的，所以我们的心理也必须始终变化，这样才能将生活中的痛苦和损失降到最小。

基于以上观点，人们要想获得理想化的心理变化，就必须遵从这些原则。就现状来看，中国人已有相当高的素质，只要稍加引导和教育，必然能形成一套自己的健康心理体系。当心理在无局限的范围内不断变化时，人的生活就会非常幸福，并产生种种人间真情。就社会来说，它会发展到理想化的状态。对于今天的社会来说，生活已不复杂，复杂的是人们对生活的认识，是人们对社会现状的理解。客观已不重要，只要我们的心情是复杂的，那社会就会越来越适应我们。在这种情况下，社会的复杂现状全部转化为知识，装进人的大脑，成为思想，使得人们能更客观地认识世界，进而为生活添砖加瓦，实现人人都渴望的幸福生活。

在这个世界上，社会越来越简单，并不是因其物质总量在减少，相反，其在不断增加。之所以说其越来越简单，是因为它越来越容易控制，并在人们心理上产生正确反映。而人心理上的反映越来越多，并形成强大的知识。因此，人们的心理越来越复杂，而社会却越来越简单。就这一层面来说，中国社会已经发生"质"的变化，势必会影响到每个人。对于人生来说，最幸福的时刻是心理上的复杂满足，生理上的简单平静。不得不说，社会越简单，人的心理或心情越复杂，个人生活就越幸福。

第三节
幸福的最大障碍是我们自己

人们常常说，一个人最大的敌人是自己。对大众来说，它是有正确性的。现实中，人们常常会遇到这样那样的困难，会树立不同的目标，也会树立起各色敌人。在这种情况下，我们需要全面认识客观世界。也就是说，我们的困难、目标和敌人是否真的存在，我们的主观认识是否符合客观世界，我们的自身是否有足够的能力面对这一切，等等。随着社会的进步，人们的世界越来越复杂，承受能力越来越强，所以，我们遇到的困难，树立的目标和遇到的敌人都会比从前更强大。如果没有足够强大的心理，我们是很难攻克难关，收获目标的。

生活中的困难、目标和敌人越来越多，就导致我们不能轻易攻克一个难关，最终，在遇到敌人时倒下。这其中的痛苦和残酷，只有亲身经历了才会知道。当前，中国社会的整体竞争力越来越强，也就是说，中国人的工作能力和知识水平越来越高，抗击打能力越来越强。因此，一个人在树立目标，并遇到敌人时，往往不能游刃有余,甚至会出现一片惨败的局面。一个案例失败了,另一个案例又出现,长此以往,社会上形成一种不正常现象,那就是越来越多的人生活没了自信,越来越多的人习惯防守,不渴望主动进攻。

在这种情况下,人们只有努力学习、思考、总结,才有可能解决实际中遇到的问题。例如,在一次商业竞争中,两家企业老板势均力敌,在商场上争得头破血流,最后一方输不起,主动退出,另一方则大获全胜。此时,胜利者战胜了强大的敌人,失败者输给了强大的敌人。胜利方认真总结经验,认为这是自己努力的结果,是一种自我征服的过程,最终让外部敌人倒下。因此,胜利者认为是自己战胜了自己,而不是自己战胜了外部敌人。而失败者则认为,自己没有慎重对待敌人,而使自己倒在敌人面前。

从以上两种分析可以看出,胜利者认为自己的敌人是自己,而失败者则认为自己的敌人是对方。由此可见,胜利者的观点更鲜明、更科学,带有强烈的自我反省和自问的因素。而失败者的观点,则更多地将失败因素归结对外部敌人的认识上,使得自己出现竞争问题,最终败给胜利者。从这个故事中我们还能看出,在越来越复杂的市场竞争中,压力和动力同时增大,当两者不协调时,就会出现这样那样的问题。当一个人能成功时,是因为他拥有进步的力量,能为自己的内部发展带来空前的能量;当一个人会失败时,是因为他不能自我认识,而是一味地分析别人和对手,导致自己迷失方向,或对自己产生错误判断,最终失败。

现在的问题是,在真正的社会竞争中,人们最大的敌人是自己,还是他人。关于这个问题,我们可以这样来分析:当一个人内心强大时,那他对外部世界会产生什么样的认知呢?当笔者随便调查10人后,突然发现,心理能力强大的人认为,只要自己在进步,在发展,一切外部问题都不成问题,无论目标多高远,无论敌人多强大,他们都能克服、战胜。而大部分心理能力相对较弱的人认为，遇到强大的敌人，就必须寻找敌人的弱点，这样才有可能获得胜利。而在他们的竞争史上，他们很少成功。因此，心理能力每况愈下。

就这一问题，我们现在能得出来一个全新的解释，那就是我们在遇到困难和树立目标以及对手时，最强大的敌人不是目标和敌人，更不是困难本身，而是自己。就幸福的角度来看，一个人在内部能进步、发展和强大，那他将会产生极大的自信，并作用于生活和工作中的困难，最终获得持久的成功。在这种情况下，人们会产生更高层次的幸福。也就是说，一个人幸福与否，不是看外界给予了自己多少，不是自己将外界改变了多少，而是自己战胜了自己多少，自己内心进步和发展了多少。

当幸福与奋斗、进步和发展结合时，我们的生活就会变得更加美好，我们的工作就会更加轻松。幸福是一种主观判断，但幸福并不是不存在于客观世界。它需要通过奋斗、进步和发展来改变，来提升。这样，人们的幸福感就会增强，而这种幸福又会产生更积极的奋斗精神以及主观进步和发展。因此，幸福是靠个人努力获得的，需要强大的内部动力，需要坚持不懈的自我提升动力。因此，幸福的获得，是一个避免以自己为中心，需要自我克服的过程。

人人都说，生活是苦的，只有适应"苦"的滋味，并认真品尝，才能获得真正幸福的生活。这"苦"本来沉浸在生活中，但只要稍加留意就会发现，这"苦"已深深印刻在我们心中。当我们感觉到苦味时，生活就是一个奇苦无比的过程；当我们感觉到"甜"时，生活就是一个享受的过程，但这"甜"，也是出自真正的苦味。要想获得幸福，就要将这苦味玩赏成甜味，在这过程中，真正的努力者是自己，真正的受益者也是自己。它是一个自我征服，自我克制的过程。也就是说，要想获得真正的幸福，就要战胜自己，然后顺理成章地获得某种心灵上的极大满足。这其中，自身因素至关重要。

我们不能奢求外界会给予我们什么，外界是一个客观的世界，需要人们开发，需要人们主动接受。因此，人们要想获得精神上的某种满足，首先要自己动手，在这种情况下，生活才有可能得到满足。在奋斗的过程中，很多年轻人认为，只要自己能认真做事，并掌握大量知识，就一定能功成名就。一般来说，这是最让人快慰的，但其中包括很多因素。首先，人的心理要足够强大。这一点在上面已述及，基本是主观因素作用，但主观因素是极为重要的。其次，主观要符合客观事实。也就是说，主观一定能作用现实，但不一定能正确反映现实，有时，客观是一种情况，主观是另一种情况。如果主观不及时调整，很容易犯错，让人事业失败，生活不幸福。最后，客观世界必须足够大。就这一点来说，依然要从主观入手，因为客观足够大，主观才能发挥动能。这就让主观世界的能力得到发挥，此时才能实现真正意义上的内部强大，并正确地印证在客观事实之中。

依然要这样认为，幸福的获得应该依靠强大的自身，如果都不能战胜自己，那一切都是枉然。遇到强大的敌人时，更不可能获得所谓的胜利和成功。就目前情况来看，中国社会基本上拥有强大的竞争群体，他们或是社会顶层人才，或是行业内领先者。他们的竞争能力极为强大，如果我们一味分析别人的能力、状况和缺点，往往会无从下手。在这种情况下，我们需要自身发展。打铁还需自身硬，这个道理谁都明白。在强大的内动力发展起来之后，我们不需要对外界产生过多认识，更不必恐惧，因为现实是可以改变的，无论怎么样，人们内心中那种从不被看见的动力爆发出来。这样，社会才能真正实现进步，个人才能真正实现幸福。当然，我们一定要从主观入手，不能怨天尤人，这必然会产生失败情绪，并影响自身工作。

真正的幸福是什么？就是完美无瑕的自我提升和掌控。

今天的人看来，生活是一种过度复杂的心理状况，它总是让人心烦意乱，唯有置身事外，才能获得几许温暖的情怀。如果我们始终沉浸在其中，必然会感到繁杂、过度疲劳等。为了能让人身心不再疲惫，并获得长久的幸福，我们往往需要挑战自我，将心灵之美发挥到一个高点，然后轻松地收获那久违的幸福。在一切还未获得稳定的发展和进步之前，人们应该首先战胜自我。无论怎么样，自我是一个人一生中最大的敌人，当然，生活中的敌人有许多，就根本而论，每个人在生活中的最大敌人是自我。当自我因素被控制之后，最容易获得的就是成功；当自己无往不前之时，我们最容易获得的就是幸福。就一般意义来说，幸福是享受人生的最高也是最健康的境界。

如果一个人整天抱怨生活无幸福，那他一定没有战胜自己，就当前而论，要想获得真正的持久幸福，就必须克服自身困难，战胜心理上潜在的"敌人"，获得真正的幸福。

第四节
不进步幸福不找你

"生活是向上的",这是很多人从生活中总结出的经验。大部分人认为,一个人在生活中不积极进取,不向好向善,那他的一生将非常糟糕。这都是人为地对生活的实践总结。但是,这些经验大部分是通过反面教材得出的。也就是说,很多人是在不思进取,庸庸碌碌中得出"生活是向上的"的结论的。尤其在今天,更多人解决了温饱问题,他们开始追求享受,享受就意味着一个问题——懒惰,以及因此而产生的不进步问题。

今天,很多人说自己不幸福,原因是自己找不到生活的坐标,甚至连找工作都成问题,更谈不上享受幸福了。事实上,幸福真的是自己说了算,例如,一个在北京上大学的高材生小李,在学生时代,她认为自己非常幸福,生活上衣食无忧,学习成绩名列前茅,人生可谓尽善尽美。但是,她毕业之后,她应该依然无忧无虑,但看到同学出国,朋友结婚、住洋房,自己只能一个人在某个国有企业上班,心里便空荡荡的,认为自己不幸福。于是,小李开始自暴自弃,甚至常常打电话给父母发牢骚。由于工作压力小，小李有更多时间沉溺于"生活享受"，并在物质上与同事们争锋。

一天天过去了，小李的性格越来越乖张，甚至出言不逊，惹来很多同事反感。当朝她微笑的人越来越少时，小李发现自己不能工作了。她不假思索，武断地辞职。从此之后，她开始浑浑噩噩地过日子，沉溺于花天酒地的世界里。当同学对她感到失望和反感时，她却说："从前谁都不如我，但现在呢？我什么都没有，什么都不是。"说完，她便大口大口地喝酒。

从这个故事来看，小李现在可能是不幸福的，但我们为什么不这样想？在小李走向堕落之前，很多人都认为小李跟他们一样幸福，小李却认为自己不幸福。这主要是因为小李主观判断上的错误，或则说是不符合普遍观点。大家站在同一起点上，大部分人认为自己是幸福的时，这群人应该都是幸福的，因为普遍现象往往是正确的、符合客观事实的现象。

现在的问题是，小李是怎么从幸福转变到不幸福的道路上来的呢？从故事中我们能发现，小李在自己认为幸福的时候是在学生时代。那时，她兢兢业业地学习，不管世界怎么变化发展，都有自己的坚持，甚至是坚持自己的理想信念，那就是做个成绩优异的学生。在理想的驱动下，小李刻苦学习，并不在意一切虚无或虚华的事物。其中，一个重要的因素就是，她在不断进步，在不断以增长知识的方式充实自己。以此为核心，她的生活无忧，学习优异。所以，小李才时时表现出自己幸福的一面。

毕业时，当她感到自己的学习生活即将过去，心中产生强烈的憧憬，同时伴随对未来不确定性的恐惧。此时，最容易让她产生动摇的，就是攀比心理。她看到别人比自己的生活条件优越，有好背景，能找到更好的工作，所以就想当然地认为自己本来很幸福的生活是"不幸福"的。在这种情况之下，小李的主观认识发生偏差，并造成主观上不进步。"不进步"就意味着，主观能动性受到极大影响，在现实世界中，本来一切成就和幸福是靠奋斗、进步得到的，但主观上的退让、自卑造成自己认识上出错，并导致行为越来越无序、不进步。

开始，这种不进步是在一种幸福的范围内运转，主观个体只是思想认识上的悲观和失落，未对幸福生活产生实质性的冲击，但时间长了，主观个体会渐渐失去真正的幸福，从而在主观认识与现实生活中失去幸福，这就是主观认识导致的现实生活变化。不得不说，幸福就是在这种变化中被反复消磨的。如果一个人很幸福，他一定未经历过这样的消磨。主观上的不进步与现实中尚有一丝进步，导致很多人匆匆奔入不幸福的生活范围之内。

从上面的例子可以看出，有阅历的人更会从现实生活中体会到不幸福不是因为自己某个方面落后于别人。事实上，树立独立的人格，并以不断成长的方式解释自己的人生。阳光向上，积极进取，健康健全的人格就会形成，以此为基础，一个人得到全面进步，这就是大部分人认为"自己幸福"的理由。越来越多的人不需要为基本生活资料而终日奔波，大部分人需要一种积极向上、不断进步的人生，从而实现精神享受、身体舒适的目的。在这种条件之下，大部分人才会感到幸福，但又有一个问题出现：如小李那样，看别人比自己幸福，就认为自己不幸福该怎么办？事实上，这样的人大有人在。针对这部分人的幸福观，有一个方式能让他们实现自己的幸福生活。

现实生活中，很多人自尊心强，喜欢有超越别人的感觉，并以此为生活情绪根本，作为判断自己的生活幸福与否的标准。现代社会中，人与人的交往已发生巨大变化，开始从纯粹私人情感关系走向以利益为主导的社会情感关系。在这种情况下，人与人之间更多的是建立社会关系，并在一个团体和组织内部实现这一关系。因此，攀比这种全面受到个人情感控制的行为越来越没有市场。爱攀比的人往往过得不幸福，因为，社会中，人的能力越来越强，知识层次越来越高，专业化程度越来越精，个人情感往往与社会道德、组织纪律、社会思想捆绑一起。此时，攀比只能为自身带来无尽的麻烦。因此，爱攀比的人会与社会格格不入，无法实现真正的"生活幸福"。

随着社会的不断发展，我们常常能看到，很多社会需要淘汰的行为往往是通过变异来实现其长久存在的。今天的社会，很多爱攀比的人基本上也是这样。从前，他们认为自己比不上别人就不幸福，就自暴自弃。今天，越来越多的人放弃与别人攀比，而是与自己比，与过去比。越来越多的人认为，只要自己进步了，一切都不重要。在这种情况之下，越来越多的人认为，进步是一种力量，一种让人不断获得幸福的力量。无论是老人还是孩子，无论是男人还女人，都需要这种精神，甚至有人认为，只要生活在这个世界上，每天进步一点就是每天幸福一点。就心理层面上讲，社会行为的进步能带动心理阅历、知识和素质的成长。在这种情况下，人是最幸福的。

要想获得幸福，首先要在行为上获得进步，与过去形成对比，并将过去远远抛在脑后，进而实现心理上的进步。两者都获得统一与进步时，一个人的幸福就会降临。无论是在主观判断上，还是客观存在上，幸福都会产生。更重要的是，主观上的判断能让心理上产生的幸福根深蒂固。从而，客观存在更稳固，更能提升个人生活的质量，将幸福提升到一个新的层面。

人的心理是一种趋利避害的产物，同时，也是一种长期优化、不断更新优点、剔除弱点的过程。人可以从行为上得到生活的满足感，行为往往能让人直接感受到客观世界给自己带来的变化。不过，行为活动却不是唯一让人产生幸福的因素。当行为人还不足以对自身产生强烈冲击，或心理上不能反映出对未来工作生活的巨大利益时，人的主观判断就不会自然产生，更不可能发自内心地获得幸福。那么，怎样才能实现真正的幸福呢？

行为上的积极向上已让人很接近幸福，但这种感觉缥缈不定，一旦个人进行主观上的判断，就会出现某种浮躁、盲目，甚至是错误。只有行为连续地进行，并让人真实地获得持久的连续性和稳定性，及让自身的主观认识的产生符合行为上的渐增和进步。此时，人的幸福会产生，并在相当长的时间内处于一种不变或非起伏式的感受。前提是，必须要有持久的、连续性的实际行动。这就是一种进步，进步能让你产生最大限度的满足感，满足感让人产生自信、乐观、豁达的心境。作为一种综合的主观判断，幸福自然会在此基础之上应运而生。

进步是一种发展的力量，同样也是人们在生活中获得幸福的重要源泉。进步代表一个人积极进取、健康自信、能力超群，是现代社会成员必须拥有的发展要核。人人都需要幸福，而幸福不是随便就能降临到每个人头上的。起码，它要求人们积极进取，不断进步。进步的人往往都是幸福的，而不进步的人总是不幸福的。如果你在寻找幸福，如果你在为幸福的如何到来而苦恼，一定要记住一点，进步才是一种高级的幸福。

第五节
在痛苦面前可以笑一下

生活总是在不经意间让人发现它最真实的一面,就像大自然给我们的惬意感一样,始终让人心情荡漾,且回味悠长。真正的人生应该神色轻松,面带微笑。只有这样,人们最本能的幸福才会出现。生活是个五味瓶,里面含有酸甜苦辣,甚至是痛苦的挣扎。一般情况下,我们能默默地承受,但很多人开始有意识地反抗。在这个过程中,人们常常伴随着失望、难过和挣扎。对于一个正在企求幸福生活的人来说,这是极为恐怖的。

痛苦是一种极为复杂的无序感受,让人琢磨不定,产生病态的心理感受。在此情况之下,人们的正常生理和心理都会遭到破坏,甚至产生极大的损失。一个人生活在世界上,有快乐的同时,必然会伴随着痛苦,对于大部分人来说,痛苦往往包含着快乐,痛苦总是主宰着快乐。在这种情况下,我们怎样才能获得真正的幸福呢?

事实上,善良的人不追求快乐,同时,险恶的人也不追求痛苦。在两者之间,人们常常选择没有一点心理承受的过程。所谓过程,即是一种让痛苦在快乐面前低头，始终让人产生心理刺激的一切行为。真正的过程就是一种让正义说话，让邪恶缄默；让真理胜利，让伪装失利；让痛苦消失，让快乐长存的生活方式。什么事物可以在没有快乐的时候最有生存能力？这是一个很难回答的问题。但我们通过认真观察、思考会发现，其实这种事物就是人类心灵上反面的东西。

当痛苦来临时，最伟大的感应往往就是让自己处于一种极平静的快乐之中，但这种快乐怎么到来呢？我们需要认真地思考。有人说，痛苦是一种对人感性认知的一种不合理的挑衅。事实上，痛苦有时能给人带来极大的享受，虽然痛苦的过程是难以忍受的，只要有强大承受能力的人，往往会认为痛苦是人生必不可少的一部分。它可以给人带来以后的人生享受，会给人带来最后的收获和成长。以此为背景，人们在处理痛苦时，需要进行另一种心态上的调整，即将痛苦的感受放在心中最偏远的位置，然后通过自我认知上的调整，通过对外界的自我发现，并始终朝着积极向上的方向发展，那么，痛苦这样的幽灵只能被快乐打败。

在人的一生中，最不能忍受的即是痛苦，它可以给人的心理和生理带来极大的破坏，尤其是心理方面，显得极为突出。当痛苦在生理内出现时，我们会首先产生精神刺激，进而带来心理不适。这就需要我们去认真调整，思考。在此方面，如果我们的认知出现问题，很容易被未来的某种不确定因素击中，让痛苦的感觉表现在外部世界中，从而影响到我们的生理。到此时，我们的世界会变得无比悲惨、失落和阴暗。

就现实社会来说，人处于不同的环境，但对痛苦的理解却不尽相同。当你的家庭生活不美满，终日为金钱忧心忡忡时，当痛苦来临时，你会将它当成天大的灾难，但不会表现在表面上。因为，现实生活才是第一位的,无论你怎么想,怎么做,为了现实生活,却可以将灾难埋藏在心底,而痛苦的限度却在无限伸张,正是这种不在意,给越来越多的生活不美满的家庭带来了心理上的极大摧残;正是这种忽视,让那些不美满家庭产生种种不快乐,甚至是绝望的心理。

就当今的社会来说,痛苦往往依然表现在精神层面上,但越来越多的人在承受生理上的痛苦。在此情况之下,痛苦被重新认识。因为人们生活水平的提高,在越来越复杂的社会中,只有让人的生活幸福,才是真正的成功社会。要看国民的素质如何,往往要看他们在处理"痛苦"这种极度敏感问题上的能力。

在面临痛苦时,有人说自己可以坦然面对,有人说自己可以在痛苦中寻找无尽的乐趣;但有一部分人,却因为痛苦的生活而使得自己不能实现真正的美好人生。对这部分人来说,痛苦是天大的灾难,他们无法从中自拔,进而影响到生活的方方面面。当生活变得越来越美好时,痛苦的人却始终不能感受到真实的生活画面。这是为什么呢?事实上,今天的社会,生活总是美好的,少数痛苦的人往往是因其现实生活的差强人意,或是自己心理不够强大,或是自己开始便不能找到快乐的因子,等等,使得他们总是生活在不理想的环境中。

他们时时出现的问题就是消极生活,不愿投入集体活动。在无尽的孤独和封闭中生活。面对这样的情况,越来越多的痛苦者认同孤立、苦难和黑暗。因此,他们往往形成绝望的心理,心事重重,最后出现种种抵触情绪,并表现在生活中。这种人往往是社会的叛逆者,当社会出现一种或某种异象时,他们往往无动于衷,时不时会做出出轨行为。因此,痛苦承受能力差,但又整天承受痛苦的人总会扮演社会中的反面人物。面对这种问题,可能需要解决。但如何解决，我们现在只能从"心理改变"的层面上加以引导。

在人生的旅途中，最重要的是生活上的满足感。当我们的一切尽善尽美时，是否在考虑人生的真正意义的所在？当痛苦折磨着人的心理和生理时，我们是否会用一种更理智的方式去面对并消解它？就心理层面上而言，真正的解决方式是对环境的改变和对自我认知的改变。在这种情况下，只要心理强大起来，一切内部的事物和外部的环境都会发生自我认知上的变化。当这些发生变化时，真正的痛苦就会变成一种空虚的精神，并被我们轻易控制，最后消除。

最简单的方式就是，当痛苦来临，并不能消除时，我们需要一份满意的工作，一个友善的朋友，一种更接近自然与纯真的心智。这一切都是在现实生活中允许得到的，当我们得到时，最美好的人生就应该会到来，但有的人依然感到不快乐，更不用提及幸福了。因此，人生需要一种东西，它可以让所有的人对你产生愉悦、认同和尊重。只要稍微注意一下，我们就能发现，只要能在痛苦面前不低头，并时刻保持快乐，甚至是幸福的人，往往脸上随时镶嵌着最可贵的精神产物——微笑。

无论是快乐中的人，还是苦难中的人，他们都有一个共性，那就是追求理想而恬静的幸福生活。快乐中的人很容易寻找到幸福，因为他们天生就能适应主流社会，因为他们本身就是社会的被认同者。而痛苦中的人，总是向快乐中的人低头，他们认为快乐中的人是伟大的，是有高尚情感的。所以，痛苦中的人千方百计摆脱痛苦，寻找快乐，进而实现自己的幸福人生。幸福人生是每个人的生活目标的高级形式，它始终与积极向上、锐意进取、不卑不亢等词语联系在一起。所以，痛苦的人总是追逐他们的身影。

在这条路上，获得快乐的方式极少，最简单的办法就是模仿。当快乐的人吃饭时，痛苦的人就吃饭；当快乐的人睡觉时，痛苦的人就睡觉；当快乐的人学习时，痛苦的人就学习……长此以往，真正的人生就会发生变化，并让痛苦隐隐作用。此时，能长久保持快乐的痛苦的人会每天冲着别人微笑。上班梳头时，他们会冲着自己微笑；进入办公室时，他们会冲着同事微笑；他们晚上回家吃饭时，会冲着亲人微笑。凡此种种，都说明一个问题，那就是在痛苦面前，人人都可以微笑。而微笑之后的快乐和别人对自己的认同感，总是让人回味长久，并获得生活上的幸福。

在痛苦面前微笑一下，不但能让人的生活变得越来越宽容，更能让人的心理变得越来越豁达。当痛苦降临在人生的某个角落时，真正的快乐就会消失，但只要我们能发现，能从未知的心理中寻找到一点点自由的感觉，那就是面对一切都要微笑。

当微笑不再是奢侈品时，我们还能感受到真正的人生真谛吗？当微笑不再为我们消解愁闷时，我们还能成为生活的主宰吗？痛苦的人需要用微笑解除人生中所谓的不公平、不自由和不理想。痛苦是一种生活负面作用的产物，快乐的人微笑一下能提高效率，痛苦的人微笑一下能感受到更多的尊重。因此，人们当下都无法忘记，寻找幸福生活是一切理想的原动力。只要我们遇到痛苦，只要我们生活不如意，只要我们工作不顺心，让我们产生无尽的痛苦，那就请微笑一下。以微笑的名义战胜痛苦，人生将变得无比绚烂、光彩，最终实现人生理想的最高境界——幸福生活。

第六章
千万别一个人工作

第一节
守株待兔不如果断出击

有人说,得到快乐的东西是人生最大的享受,但也有人说,得到快乐的东西的过程也是一种无尽的享受,这两种说法都是值得表扬的。就今天的情况来看,越来越多的人能得到快乐的东西。可是,认真思考他们的收获方式,我们会发现,有的人很勤快,愿意通过劳动,或者说是耕耘收获自己的一片天空,从而获得快乐和幸福。但有一种现象,那就是有些人越来越不喜欢勤奋和努力,或者说是不愿意用刻苦的精神来换得生活和精神上的满足感和幸福感。很明显,这群人喜欢守株待兔,却不愿意果断出击。

就一般人来说,守株待兔的人可能会更幸福,但前提条件是,他们需要获得成功,或是达到自己的目的。而守株待兔是不能获得人生理想的,因为它是一种对人生、对理想的消极怠慢情绪;更是一种对现实的错误判断和理解。就这一点来说,犯错的人很难获得心理上的满足感,进而产生错误的人生理想和幸福。

今天,越来越多的人认为幸福就是心理上的满足,进而影响生理上的平衡、愉悦和稳定。但是，真正的理想人生是一种心理和生理都接近稳定的持久享受，所谓的人生，就是一个在变化中寻找归属感和稳定性的成就过程；所谓的理想，就是一种淡化变化心理，寻找无穷人生的生理享受。真正的"理想人生"就是在心理承受变化的同时，不断地接近稳定，进而获得生理上的最自由、最洒脱、最完美的境界。

这与守株待兔有很大区别，守株待兔的人往往希望天上掉馅饼，不劳而获。在今天的社会里，不劳动、不工作，或者说不积极进取，都无法立足。起码，不能获得别人应有的尊重，不能获得人生中最本能的归属感。可能，一部分人不用劳动，不用工作，却不能失去积极进取的心态，因为一旦某一环脱节，那他的人生将处于一种不可捉摸的状态。

一个现代社会里，没有人希望自己的生活是乱糟糟的，但这种情况时时出现在我们面前，这就需要我们去不断地处理，不断地完善。当人生被处理、被完善到一种稳定状态时，那这个人才能获得幸福，才能真正享受人生。当人们的心理还存在局限性时，生理总是出现这样那样的问题；当人们的心理没有局限性时，生理总是承受着不一般的压力。主要原因是社会往往是人生存的地方，但心理却存在另一种承受压力，犹如另一个世界。当世界处于无局限的状态时，人的心理和生理会产生泾渭分明的界限。心理不断地矛盾，不断地妥协，不断地寻找一种理想的状态；而生理则表现出无法存在的痛苦。

其实，在社会上，人的生理还是第一位的。当心理和生理都出现变化时，还应以生理健康为首选。生理健康无恙时，心理才能谈得上健康、快乐和自由。在这种情况之下，越来越多的人喜欢健身，喜欢运动，努力保持自己生理上的健康。

生理是人的重中之重，只有重视生理健康才能谈得上工作、生活和享受。在人生的旅途中，人不能因为心理变化而让生理产生变化。这是最不明智的选择。当心理足够强大时，生理不会产生明显变化。所谓工作，就是一种心理接受生理发展的需要。工作成功了，生活才能美满、健康。

工作是生理的需要，但工作的内容和方式需要心理的指引。因此，工作时，心理因素至关重要。就今天的社会来说，心理强大的人总是能找到理想的工作状态。所谓"找"，就是果断出击，实现在无局限的心理范围内和有界限的生理范围内的理想人生。不难发现，守株待兔的人往往不能适应这种状态。在复杂、多变的社会中，主动出击往往有很多好处。首先，这是人的一种本能反应。当人在复杂环境中时，只有出击才能寻找到最本能的情感；其次，这是一种对社会现象的反应。当人们整天为金钱苦恼时，最能实现人生理想的方式，只有出击；当竞争环境越来越激烈时，人最简单的想法就是出击，唯有如此，方能展现自己的能力，表现出自己的智慧；最后，这是人对追求的一种基本需要。社会上，越来越多的人追求无穷的生活享受。在这种情况下，追求就变得无上光荣，收获就成为一种必然的人生过程。只有这样，工作、生活和家庭才能形成至善至美的状态。

今天，我们不能说守株待兔没有成功者，但成功者的心理和生理健康都受人质疑。因为，不劳而获的人总是渴望能获得无穷大的物质数量。当一次成功之后，他们就会认为天上会掉馅饼，甚至认为天上能掉金钱。长此以往，这种人渐渐失去劳动力、工作和上进心，产生种种消极怠慢情绪。最终失去主动出击的能力，成为一个不折不扣的社会负面人物。

守株待兔的人的这种表现，更说明一个问题，他们不能获得真正的幸福。虽然，他们在一次成功之后产生的愉悦和心理享受足够让他们产生幸福，而第二次的失败，甚至是第三次的失败，足够让他们坠入痛苦的深渊。就环境来说，主动的人常常受到外界的鼓励、赞扬和尊重，这是一种进步的精神动力。事实上，一个人要想成功，并在无尽的世界里发挥自己的作用，那他就必须具有主动出击的能力。这种能力往往表现在生存、发展和安定上。

当一个人没有能力时，他喜欢守株待兔，但当一个人想获得能力时，他便会寻找主动出击的能力。这就是一种积极进取，并长久获得满足感的源泉。当满足感真正成为人生的最光荣的事物时，工作上的动力就会形成。事实上，偶尔的主动往往能让人产生持久的主动心理，这样一来，幸福指数自然会成倍提升。

在一个人的一生中，最可贵的是精神动力，最宝贵的是身体。只有将两者统一起来，并产生稳定的发展或变化效应，那人的生命就自然会越来越有价值，价值的一种高级表达方式就是获得社会的认可、理解和尊重，最终形成一种持久的幸福。只要生活有动力，人必然产生主动出击的心理。在人生的每个角落，不主动的时刻总是阴暗晦涩的。一个人对生命的渴望像烈火一样，只能通过主动这能力性极强的社会规则赢得一切，获得幸福。

在这种情况之下，人们的心理才会越来越强大，生理才会越来越跟得上社会的脚步。一个人的心理与生理达到完美平衡时，生活才能谈得上美满，精神上才能谈得上愉悦。一切有规律的现象都会寻找一种接近稳定的发展状态，但一个稳定的发展状态需要一种文化上的积淀。只有这样，人的生命才能谈得上完美，才能谈得上享受。在此背景之下，才能述及幸福是否存在。

当幸福的问题摆在我们眼前时，我们第一个想到的，就是它是否符合我们的人生观、生活观和价值观。在人生还处于相对独立状态时，人们往往需要一种真正的幸福；当我们处于一种绝对独立，并无尽发展的状态时，我们需要的是一种人人平衡、人人理智思考的另类幸福。但唯一值得人们认可的，即幸福就是一种情感过程的持久、稳定体验。

守株待兔的人是存在的，而且不能消失，这与社会和人生有着密切的联系。在社会中，越来越单一的状态总是让人忧虑，越来越复杂的社会同样也让人忧心忡忡。所以，在复杂中寻找一种理性的平衡，并确定一个稳定的局面，那么人的生命才能绽放绚烂的花朵，才能形成比起点上的人生更辉煌、更完美的人生境界。真正的守株待兔是一种病，一种心理上的缺陷。它让人们无法接受，同样也让人无法理解。但它却能锻造出一群能主动出击的人。这就是一种进步，一种给社会带来无穷力量的精神。

主动出击是一种进步，只要在生活中认真发现一下，真正的主动者总是能影响一群人。他们热爱劳动、工作，积极向上，并在劳动、工作中做出自己的成绩，受到社会尊重，接受全社会成员给予自己的关爱。当生命的烈火为这种人燃烧时，他们总是因此而产生美好的人生理想，推动社会进步。一个需要发展，甚至需要进步的社会，最需要的是主动出击的人。他们才是社会的主宰，他们才能获得人生幸福感和社会荣誉感。

幸福是一朵不断盛开的花朵，只有向上发展，才能绽放得五颜六色。守株待兔者是不想也不做的人群，他们无法获得进步、开拓、创新的精神动力。在未来的社会中，越来越多的主动出击者在寻找着并寻找到了真正的幸福。

第二节
这山看着那山高

一个人的生活中，总是存在着某种不平等因素，这主要是因为人的阅历、背景、行为习惯和思维方式不同，对人的社会地位、影响力和身份的定位不尽相同。在此情形之下，则会形成人与人之间的隔阂以及社会误差，人与人之间的沟通会产生种种不和谐现象。这就告诉我们，在一个复杂的社会内，人的本能反应往往差强人意，产生种种不平等现象。正是这一点，攀比心理、竞争规则和发展方式渐渐形成，人的心理产生起伏不定的变化。这样，容易让人产生感知上的正确与错误判断。

社会的高低不平，让越来越多的人产生心理不平衡，进而影响自己对科学幸福的理解。有人认为，自己安定一生，无风无雨就是幸福，不管世界怎么变化，不管自己有多少物质财富，甚至认为自己越无能越幸福，这是错误的幸福。就今天的社会来说，人的行为被捆绑在价值上，一切行为产生价值时，社会才会肯定一个人，一个人才能获得他人的认可。因此，价值利益最大化往往需要一种外在的表现，它就是社会。当一个人处于平和、稳定和进步的社会环境中时，那他就容易掌握幸福，并受到大多数外界事物的欢迎、承认和尊重。

也有人认为，自己要赢得一切社会给予自己的东西，于是就努力再努力，并为自己设置一个目标，即超越自己所羡慕的人。当这些人能实现目标时，总是沾沾自喜，并产生一种愉悦心理，而超越一次并不是他的目标，随着欲望的增加，他会超越越来越多的人，当他受到一次挫折时，便产生一种极度空虚、失望和毁灭的心理。这就是社会负面作用下的幸福。当然，这种幸福无法持续、稳定。

这种现象是可以避免的，还是必然存在的？是不是人人都习惯攀比，热衷"这山看着那山高"？认真分析一下，这依然与科学幸福观有很大联系。事实上，人与人交往是社会内不可避免的现象。只有交往才能让人生存，只有交往才能让社会处于一种不断优化的状态。当这种现象出现时，人会产生正确的幸福认识。真正的、正确的幸福就是一种社会层面与个人心理平衡的状态，并始终保持最持久、最稳定的感受。一切无序变化的事物都不能让人产生幸福，而攀比就是一种无法让人持久、稳定的幸福。也就是说，幸福往往需要正能量，往往需要完美的积极精神。攀比是一种不能让人完全向上的精神，往往带有自私、冲动和打击。

对一个社会来说，这是不能让人产生幸福的，对一个人来说，也只能产生有限的幸福感受。在这种情况之下，越来越多的人追求另一种幸福观。当这一切被文明、进步和社会因素捆绑在一起时，人人都需要一种与时代相吻合的社会责任感。这种责任感既不是攀比，也不是一切以"我"为中心，而是关心社会，更关心与自身利益休戚相关的政治、经济和生活等问题。

这种联动性、发展性和社会性，极大地改变了人们的社会理念，更深刻地影响人们对幸福的理解。攀比心理只能说是一种不积极的社会现象，当社会不再承认这种心理，那他们只能在一个范围内生活，不能享受真正的阳光、温暖和荣誉，更谈不上幸福了。

这山看着那山高的人有着一种不够全面的发展意识。真正的发展，是自身发展；真正的成功，是自己的成功；真正的荣耀，是自己能获得外界无法影响和复制的荣耀。在此情形之下，要想获得幸福，真正的人生意义就会扩大。当一切社会现象和所有生活内容都展现在我们眼前时，所谓的攀比只能收到越来越多人的白眼。越来越多的人认为，幸福是完全建立在一切完美现象之上的事物。因此，只有社会尽善尽美，才能获得身心上的完美体验。当这种体验对人的一生产生影响，并让体验渐渐淡化时，那幸福即会产生。

所谓"这山看着那山高"，即是一种用心理因素指导现实行为的错误结合，其主要因素是嫉妒、自私和不平衡心理。当这三者产生关联时，一种选择目标，并企图超越的心理便产生了。在一个社会中，这种行为产生风气时，那社会将会很糟糕。攀比是一种能量，能让人发展、进步和产生荣耀，却不具备真正的正能量。正能量是一切能向上、能发展，能让人产生心理和生理平衡变化的力量。在此情形之下，人的心理会无限扩大，实现真正的理想人生。以此为背景，才能产生真正的幸福。当幸福产生时，一个最敏感的话题摆在我们面前，那就是幸福真的就是生命的最伟大的境界吗？

就目前来说，真正的幸福就是人生中的最伟大的境界。很多人认为，人生就是磕磕绊绊，就是家长里短，但步入今天的社会，我们会发现，人的传统生活范围越来越小，现代化的生活范围越来越大，即人们将工作与生活捆绑在一起，产生对生活的全新理解。这就告诉我们，越来越多的人渴望获得生活的所有积极事物。在此情形之下，更多的人通过努力、进步和发展获得的精神与现实资料越来越多。当这一切足够多时，人们就产生另一种生活认识，即一切以自己为中心，并让社会为自己服务，让自己左右生活，进而产生对社会的全方位影响。同时，当这些事物完全出现时，攀比这种让人伤心的生活习惯就会渐渐远去。

在人类的心中，有过种种错误的判断，主要原因是他们在物质和精神两方面上的缺憾。尤其是物质方面，处于历史中的人几乎无法回避这一话题。这就告诉我们，真正的幸福的产生需要建立在丰富的物质基础之上，才能实现积极向上的幸福观。真正的幸福意识，就是一种更进步、更上进的感性集合。在这种情况之下，所有的人都会意识到，只有感性极浓、文化修为极高的人，或是社会上层人士，才能得到真正的幸福。因此，我们现在可以这样定位，幸福就是现代社会中的人生境界的最高形式。

就今天的社会而言，感性是人们最容易获得的东西，所谓理性，基本也演化成感性的一部分。大部分人认为感性可以带来生活上的快乐，能让工作丰富起来，能让一个家庭变得和睦。正是这种高品位、高素质的感性的出现，才让世界的变化越来越丰富多彩。当一个人整天过得波澜不惊，但心理感性浓烈时，那他的生活很容易产生幸福，并为生理带来轻松、稳定的状态。这一切都具备时，人人都处于幸福状态，社会理所当然也会是一种幸福状态。

攀比好比人的一双脚，不断地互相对比。但这种现象究竟能表现出人生的某种进步意义吗？事实上，"人在江湖，总有一天会失足"。当失足时，我们就会发现，一双脚一般的攀比状态都会出现失败，更不必说真正的心理攀比了。很多人认为，人生就是攀比，但有人认为，人生就是寻找独立、发展和成功。面对这种局面，攀比的人总是盛气凌人，而独立的人却锐意进取。实践中，锐意进取的人不喜欢说什么，而攀比的人总是勾心斗角，不努力发奋。最后的结果是，锐意进取的人能取得成功，赢得社会声望，而攀比的人就算成功，也只是沾沾自喜，无法实现人类高尚的精神享受。

当人生的旅途出现风雨时，我们是否想过，真正的风雨不会再来，眼前的风雨只是一种对生活的洗礼，是一种快乐的调剂。攀比是机械性的行为，无法实现知识与文化的集合，无法最终产生艺术境界。当物质与精神双双大丰收时，我们必须寻找一种理想化的艺术境界，这才是一种完美的人生。但如何寻找幸福生活，艺术境界告诉我们：艺术就是艺术，但艺术可以影响幸福的方方面面。

艺术的产生能催化幸福的产生，它往往作用于事物内部。但对艺术的追求，幸福者会适可而止，因为幸福就是幸福。攀比的人不喜欢真正的幸福，而追求完美人生，或渴望全方位发展的人总是追求幸福。在一个社会内部，幸福就是不攀比，实现自身利益的丰收。

"这山看着那山高"的人不能获得真正的幸福。它像一只小鸟一样，高飞之后就不能无限上升，否则就会绝命。而锐意进取的人则是一种无限高飞的飞机，甚至可以飞到天际之外。所以，我们不可全然接受"这山看着那山高"的人，因为那样会让我们的生活出现错误，让我们得到不美好的人生，让我们远离幸福的理想生活。

第三节
过度忙碌是幸福的威胁

今天，人们常常说，东西多总比东西少好。就物质层面来说，这的确是正确的。因为，经济让人们的生活变得越来越丰富，一个人占有的东西越多，往往越能看出他或她的能力，能看出他或她的社会声望，能看出他或她的成就度。因此，当物质越来越多时，人们总感觉世界是美好的，人生是灿烂的，工作是主动的，一切都是积极向上的。在此背景之下，人们心理上才真正体会到生命的价值，以及生活所能给予的和人们自己所能索取到的。物质越丰富，或说物质越多，人们的生活往往越幸福。

这本身没错，但如何获得物质？这是一个至关重要的因素。现实生活中，人们如何真正地体验生活，如何真正地拥抱身边的一切，都需要一种方法，需要人们在复杂的物质世界里寻找精神归宿，寻找适合自己的幸福人生。在此时，人们一般都会通过劳动、工作和积极进取等行为来为自己获得物质财富。看起来，这就是很普通的逻辑。事实上，其中的过程让人无法解脱。在劳动、工作、积极进取时，人们总是认为自己能力足够，并能获得一切自己需要的东西。但现实是，人才越来越多，忙碌的人几乎处处都有。当忙碌成为一种常态时，那人们的生活压力就会非常大。因为，忙碌就意味着进步，进步就意味着竞争，竞争就意味着生活、工作压力的增大。如此，人们心中渴望一种理想的幸福生活。为了寻找，人们往往放弃安逸的生活，放弃精神的享受，放弃对名利和稳定的追求。

从以上可以得出，越忙碌的人越能获得一种高标准的生活。但是，这急需一种稳定状态。当一个人接近忙碌时，他的心理就会产生一种更理想、更接近完美的生活状态；当一个人忙得恰到好处时，他的脑子里什么都没有，只会整天思考着更理想、更进步的生活和工作。因为，他已完全融入一种稳定、积极和理想的幸福生活；当一个忙碌过头时，他会发现，自己能看到社会上的一切弊病，心理产生不安，并为身边人所耻笑。其原因就是，忙碌过头的人在心理和生理两方面出现问题。就心理方面而言，这种人会思想空虚，认为自己是尖端人才，不需要和一般人在一起，社会上只承认"有能力"的人才，等等。最突出的表现就是，一切成就都要靠能力，一切行为都由能力说话。就是多说一句生活化的语言，这种人都会认为是不讲能力。过分要求，让这种人很快失去幸福。因为，人生是一个舞台，一个人是无法完成整个舞台剧的。一个只说"能力"却忽视环境和身边人的人，往往不能获得他人的尊重。在此情形之下，心理上无法获得满足感，更不可能获得稳定的心理状态，更达不到幸福生活的目标。

"忙碌"是否是一种接近完美生活的方法？事实上，这还是值得商榷的。忙碌中人的心理分为两种：一种是积极，一种是盲目。就第一种情况来说，积极总是能让人对未来充满憧憬，对生活充满期待，对工作充满渴望。为了能选择一种平衡的状态，人们往往需要将忙碌放入一种稳定的状态。在此时，才真正实现寻找幸福生活的目标。很多人认为，越忙碌就越幸福。这也是不正确的，因为，忙碌本身是一种好现象，而忙碌持续时间过长，强度过大时，往往能让你产生对事物的错误认识，甚至产生自我否定的思维。因为，忙碌的过程没有收获，长久忙碌，让人的心理产生巨大空虚感，无法正常体验到现实生活。就生理层面来说，忙碌过头，或多余的忙碌会让人的生理超负荷运转，进而对健康产生直接的副作用。因此，过多的忙碌，或多余的忙碌会对身体产生负面影响。

多余的忙碌就意味着无用功，就意味着对现实的认识过于复杂。在此情况之下，更多的人认为思想越复杂，心理就越复杂，现实就越忙碌，就越能获得物质财富。事实上，就今天有知识、有能力的人来说，自己心中都有一种对社会的自我评判，都有一种对理想的定义，不尽相同。因此，要想真正成为生活、工作的主动者，最有效的方法就是获得足够的物质。就这一层面的理解来说，"足够的物质"不是"过多的物质"。过多就意味着奢侈、浪费和迷乱。我们能这样理解，物质的获得需要一种适当的方式，但"忙碌"是个很不适当的工作方式。不得不说，忙碌被控制在一个范围之内，那它将很容易被生活中的人利用，并帮助主动者形成科学的、有效的幸福。

也许，忙碌是一种接近完美的工作状态。但是，越忙碌越快乐也只是一个过程，当此过程过去之后，人们会发现，忙碌就是幸福杀手，甚至有人认为，忙碌过头就是多余，虽然人们能享受到精神上的快乐，而精神不能服从现实时，一切都变得不和谐。这就让人对幸福产生种种错误的认识，甚至认为痛苦就是幸福，这是不对的。

在人的一生中，忙碌的时间是有限的，这是普遍现象。而偏偏有部分人，一生痛苦不已，忙碌的一生是他们变化的永恒。一旦自己停歇下来，犹如天塌下来一般，天生不愿享受快乐。甚至，这种人认为，在忙碌中寻找痛苦就是快乐，这就是一种极端的人生。就目前来说，这种人生是不能接受的，人人向往美好生活。在现代社会中，只有以更多的知识、强大的心理承受能力和复杂的物质为基础，才能让人积极向上，并产生科学的幸福心理反应。

多余的忙碌往往能让人产生种种消极情绪。当人们过度忙碌之后，反应是即使不劳动或工作，心理依然很累，并保持工作时的状态。因此，我们常常说，做了一件事之后，就恨一件事，这就是过度、多余忙碌造成的。之所以会这样认为，主要原因是，多余的忙碌让人产生心理承受能力的过度膨胀，甚至在膨胀到极限时，依然保持膨胀状态。这就让幸福受到威胁，让更多的人在过多的忙碌中失去应得的幸福生活。

过度的幸福往往需要人们用主观上的努力改变。事实上，主观改变是最有效、最直接的方式。当人们的心理产生对忙碌的正确认识时，那他将会为忙碌的过程进行诠释，而忙碌是一种极高的无意识行为。在此情况之下，更多的人认为思考忙碌的过程就是在扼杀忙碌本身。不过，如果我们过度忙碌时，思考一下忙碌是什么样的过程，甚至是忙碌之后的意义时，过度的忙碌，也就是多余的忙碌便不再产生更多的负面作用。而多余的忙碌不再产生作用时，那正常的忙碌一样会受到影响。两者之间存在着某种必然的联系，在正常与多余的忙碌之间，只要人们否定多余忙碌的意义，就会发现正常忙碌也会发生质的变化，并同多余忙碌一样，产生种种负面作用。

一个人的生活需要忙碌，一个人的工作更离不开忙碌。忙碌往往让人进步，让人产生对社会荣誉感的追求，产生对现实生活无限享受的思维。当这一切都能达到时，那真正的幸福就会产生，因为以上三种要素足以让人获得持久、稳定的幸福。但今天的社会，似乎发展到了一个安定、精神健全的时代,但人们却还在追求思想上的更高境界。这就在心理上产生不合理的认识,即一味地追求向上发展,而所谓的稳定的心理变化只是一套说辞。长期下去,人们过度忙碌,甚至是社会过度疲劳的现象就会出现。所以,很多社会弊病、负面现象都会产生。

就以一个社会成员来说,一切行为都被捆绑在社会这个大环境中,只有适应社会,才能实现人生理想,才能在为自己带来成功、声望和荣誉的同时,推动社会进步。在此情形之下,一个人的自身价值才能最大化,社会的发展空间才能更自由、更宽阔、更光明。

一切美好的事物都有一个特性,那就是它始终在一个范围内无限变化。就今天来说,无限变化在无限膨胀,人们产生种种错误认识,种种对未来的错误理解。在此情况之下,更多的人愿意接受单一的物质主义享受,不关心心灵世界,甚至贬低、消磨心灵世界,产生一切向现实看的忙碌心理,这就催生出了过度忙碌。在人的一生中,能忙碌是好现象,能产生一定的幸福,但过度忙碌总是让人的身体出现问题,心理发生变形,进而成为幸福杀手。

因此,我们能断定,过度忙碌是幸福生活的威胁。

第四节
世界需要一群人

社会是个大家庭,当所有人都认为,一个人只有融入集体生活,才能发挥自己的特长时,真正意义上的社会就会产生。人们常说"一个篱笆三个桩,一个好汉三个帮",这句古训告诉我们,人的一生不可能没有别人的帮助。在此基础之上,才能形成真正意义上的平等、互助和自身发展。

在中国,越来越多的人认为集体是一群人表演的舞台,一个不需要集体生活的人,往往难以获得尊敬、关怀和荣誉感。随着社会的发展,人的种种成功和荣誉都建立在社会层面上。在一个整体性的社会中,没有谁能左右集体的力量。一个人的精神力量有限,而只要加入集体,那他的生活将变得无比绚烂,只要一定的努力,一定的耕耘,他就能获得一定的社会声望。在公司里,只有将公司当成自己的家庭,只有将工作当成自己生命中的一部分,才能真正实现事业上的成就和精神的满足,进而为幸福生活提供一种必要的前提条件。

一群人就意味着一种巨大的力量，这种力量不会随便发挥，它建立在理性、正确认知和大局观等方面，因此，集体是一个更文明的现象，它往往伴随着组织行为。当一个人融入集体时，他会产生安全感，积极向上的心理，会加深对社会的认识，对工作的态度会更认真，等等。就今天来说，任何一件大事情的成功，往往都伴随着集体劳动的结果。社会是一个大家庭，它需要一群人。

在世界上，很多成功案例都是集体劳动的结果，或说是团队努力的结果。在一个团队里，不需要什么严明的纪律，不需要什么上下级关系，他们是一群人，一个大家庭。这就会让工作变得轻松而活泼，人人能发挥自己的作用。就企业来说，无论是研发、开拓市场，还是管理执行，都需要一群人的力量，就像一个集体——真正意义上说是团队。集体，即团队的力量更能产生社会效益。对个人来说，当团队性质的集体产生之后，如果他们能成功融入集体，那一生将变得稳定而有前途。在此基础之上，真正意义上的人生才会升华，形成一种更文明、更进步的社会力量。

无论是在中国，还是在欧美，抑或是在日本，公司团队性质的集体在社会上的作用无法取代。当一个项目被确定之后，意味着一个团队的诞生，意味着一个人群将为一个目标不断地努力。在此基础之上，社会的意义被最大化，让人产生一种群体观念，那就是人生是一种在集体中不断升华，不断发挥社会效用的适应性工作。当这一切都在发展中时，只有一种信念能让人们产生在集体中的一个不可或缺的现象，这种信念需要积淀，需要将人生中最光华的部分献给事业，献给真正的集体生活，进而献给社会。

这与幸福存在着种种必然联系。当一个人工作时，他的心里会产生勤奋、进步和交际的冲动。前两者主要是个人发展的需要，与外界无关，带有强烈的独立发展和欲望因素，而后者，即交际，则完全是一种集体性质的行为。它需要人际关系，需要外界形成稳定的社会条件，需要一个有序而变化的环境。在此情况之下，更多的人在交际中获得了心理上的满足感和现实中的和谐关系。事实上，真正意义的交际就是实现集体生活礼仪最大化，并为人生理想做最坚实的铺垫。

从交际中能看出，人只要在一个范围内活动，那它最起码就应该有交际能力，交际主要分为语言表达、文字表达和意境表达。口头表达往往是简单的，用普通人的话说，就是用嘴说话，这是最简单，也是最有效的一种交际。文字表达主要是靠文字、图片和艺术性更强的声音交际。这种交流往往深刻、文明，更有间接意义，通过文字，人与人不必赤裸裸地交流，文明程度更高。意境表达主要是通过社会上的文化产品，给人带来强烈而深刻的社会认识、个人认识和自我认识，并在潜意识中形成一种深刻而不表面化的认识，支配自己的行为。就像网络游戏一样，在让人玩游戏的同时，产生对社会、对人生和对金钱的不同认识。

这些表达主要表现在社会层面上，因此，社会更容易承认这种人，他们往往受到尊重和敬慕。当这一切条件具备时，人们总是产生强烈的心理冲击，最终带来一种稳定、持久的心理反应。当人的人生被外界刺激得稳定时，那幸福就很容易产生。幸福是一种认知上的境界，带有强烈的个人色彩。这种个人色彩会刺激一群人，只要渴望得到荣誉感，这种刺激就会将一群人捆绑在一起。不得不说，社会的发展以及个人发展需要一群人。一群人受到人们的影响时，精神利益才会最大化，并产生不变的心理反应，让人长期沉浸在快乐、享受和美好之中。

人的一生常常伴随着对理想的追求，对信念认识的自我成熟，以及对生活、工作和能力的一种理想化幸福感受的追求。当一个人将这三点都做到时，那他的一生将非常伟大，人人羡慕景仰。在此种环境中，始终离不开集体，或则说是一群人。当一群人帮助你，并成为你的知己和工作上的盟友时，你会发现人生无限美好；人人都帮助你时，你会发现生命的意义已超越本来对人生的定义。只要人们在一个群体内生活，那伴随这个群体的，将是光荣、名誉和成功。这三点都需要社会和集体基础。因此，人生才会放大，心理才能变得强大。

世界需要社会，社会需要集体，集体需要个人的自由、平等和交流。在此情况之下，才能形成人生的意义、作为、声望和成功。幸福是一种对最高境界人生的正确理想，和贫穷、落后和无知等因素无关。幸福是一种极正能量的人生反应。当一个人获得越来越多的声望、金钱和成功时，那他就越幸福。反之，幸福只能成为人生的一个梦，始终无法实现。当人生产生集体效应时，真正的理想才能生根发芽，枝繁叶茂。

人生要得到升华，就离不开意义，人生意义的最高标准就是社会意义。提到社会，就不得不提及集体。当集体产生荣誉感时，个人的心理产生强烈的满足感。很多事物在一个范围内发展时，往往能表现出强大的生命力，这就是集体的力量。无论是无限变化，还是有限范围，真正的生命都会给予它强大的能量。

幸福是一种对以上因素的极大升华，并上升到一种境界。只要生活是美好的，集体就是美好的，只要能力是突出的，个人的集体荣誉感就会达到顶点。在所有社会关系中，人的本能往往只发挥一种作用，但带来的社会变化却是无穷的。在此基础之上，更多的人愿意接受集体，并享受个人发展上的人生快乐。这一切发生连续变化时，幸福就很容易产生。幸福产生的标志就是：人的生活美好，工作稳定，心理强大，对待一切事物产生深刻认识，并为人生铺展道路。

越来越多的人认为，真正的幸福是对社会、生活和工作的深刻而正确认识。现在的问题是如何寻找到这条道路，并产生一般人不能理解和一般人愿意接受的深刻而正确的认识。就今天的社会来说，只有大量储备知识，运用知识，并不断地学习，才能获得生理和心理上的最大满足，消除一切不美好现象。最终形成自己的、客观的、对人人产生影响的正确认识。

所谓"人人产生影响"，就是对一群人产生影响的间接表现，社会需要一群人，这个世界才能算得上一个接近完美的世界。幸福往往需要通过在社会层面上理解得到，当社会发展到完备阶段时，并无任何负面作用表现在表面时，真正意义上的个人幸福才能产生，进而影响整个社会。

世界需要一群人，只有一群人在人生理想的道路上不断苛求、不断发展、不断奋斗，并获得成功，那人生才算是高境界的幸福。一个不需要个人色彩的社会是没有激情的，当个人发挥极大作用时，往往就表现出集体的伟大。因此，社会需要一群人，世界需要一个更高层次的社会文明，只有让生理和心理的境界完美结合时，世界上的一群人就变得更有生命力，人生便升华为对荣誉、理想和成功的不断追逐，并达到个人与集体一起发展的理想境界。

幸福就是个人与集体一起发展，并产生强烈心理感受，一生受益的境界。它是社会认识和事业成功双发展的产物，带有浓烈的文明和文化色彩。

第五节
点头的机会比摇头的机会多

人世间最痛苦的事就是"被人否定"。在很多人心中，被人否定是一种能力的不足，是一种心理上的打击，更是一种对自己的一切社会关系的贬低。越来越多的人认为，要想成为世界上最不被否定的人，首先是在别人面前表现时，不轻易让人摇头。也就是说，必须得到别人的肯定。其次，世界上所有事物，争取别人点头的机会总比摇头的机会多。就这一点来说，随着人的知识积累，解决问题的能力越来越强，成为强者的机会就会越来越多。因此，争取别人点头，那将是一件无比自豪的事。最后，当一个人被肯定，或在别人面前表现，让别人点头时，那这个人就已经获得了一定的幸福。

就一般人来说，幸福就是真心获得别人的点头。现在问题摆在我们眼前，那就是点头的机会比摇头的机会多吗？事实上，这需要分几点来认真审视。

第一，就点头来说，人人需要一种自我肯定的条件。在现实生活中，肯定自己往往是肯定别人。如果你是一位白领，你不会因小事而忘记在别人面前肯定自己，进而肯定别人，最终实现一切和谐的状态。在社会上，当你在别人面前摇头时，你会发现真正的人生意义已失去了光华。也有人说，多说话是一种自我展示，但展示的最终是一种结果，即"是"与"否"。一般别人的客观评价，事实只会出现两种情况——正面与反面。当一切都在一种和谐环境中，个人能力突出的人际关系中时，正面会被放大，成就观会发生一种人性化转变，即人人都喜欢肯定一个人，而非坚锐地否定，为集体带来不和谐气氛。

第二，心理上普遍的强大，让越来越多的人产生一种深刻而浅显的认识。就这一点而论，社会变得越来越复杂，人际交往越来越频繁，人的心理适应能力越来越强，让整个社会处于一种相对和谐的状态。就此而论，更多的人愿意生活在美好的生活里。当这一切都成为社会环境的一部分时，那人们互相尊重的机会就更多。在此情况之下，人才的概念被放大，甚至在一些有先见之明者的眼中，一个未上过大学的人也是一个奇才。这就说明，在人才队伍越来越强大时，人们对待别人的态度会变得随和、恳切。

第三，心理上的成就倾向和交流上的平衡思维。在现在社会中，人人都讲究平等。这是一种文明行为。当一个人获得足够知识，拥有足够的能力时，他需要一种自我承受能力，并与外界保持一种稳定而和谐的状态。在此，更多的人愿意独立、自尊、自信。对别人的评价可以放在一边，但却对自己产生一定的影响；当你评价外界事物时，为了有一种稳定而平淡的人生价值，你往往不会轻易让别人失望，甚至在表扬中完成别人对你的敬慕、信任和肯定。

由此可见，越来越多的人渴望获得肯定，渴望获得别人无法超越，却带有强烈个人色彩的成功。因为，只有自己强大起来，别人才能产生种种心理反应，进而完成自己的一切理想。越来越受到尊重是一件很好的事，几乎人人向往，而在今天的社会，根本没有人会因最基本的条件而失去生活上的满足感。这又说明一个问题，人生被摆放在一个高层面上，需要的是一种肯定精神。当一个人被肯定时，他的心理才能慢慢健全，生理才能处于一种稳定的状态，思想会处于一种成熟而稳健的状态。

一个没有错误的世界，只能存在于幻想之中。当生命的烈火无尽燃烧时，真正意义上的理想才能生根发芽。人人都有理想时，社会就会进步；人人都能实现理想时，国家就会变得强大。在此基础之上，越来越多的人获得了别人的赞赏、尊敬和信任。当这一切形成风气之时，我们能看到一种普遍现象，那就是越来越多的人在别人面前点头，并授以别人赞美。

之所以会如此，是因社会人才的大量出现以及人才的大规模成功。这一点至关重要，当人才获得成功时，社会就是成功的；当人才受到尊敬时，社会就会受到尊敬；当人才能各尽其才时，社会就得到充分发展。人人需要一种理想状态，这种"理想状态"究竟是什么样的呢？现在，我们还在一直追寻。

在职业化素质极高的社会，人们更容易寻找到理想状态。就生活来说，那是一种简单的、低技术、知识和能力的人生范围。一个人在年轻时谈不上理想状态，他们往往要为金钱、房屋和汽车等生活资料忙碌，无法实现稳定而理想的状态。就工作来说，每天工作八小时，一切工作的快乐是属于能力突出者的。当这一切慢慢演进成一种更强的生活时，工作就必然被认为是一种生活方式，这就很容易获得理想状态。所以我们说，人生的"理想状态"就是将工作转化为生活的一种自由发展过程。就今天来说，越来越多的人愿意接受这种理想状态。因为它有一个必然结果，那就是转化为更美满、更自然的幸福。

肯定别人往往是一种双向的幸福选择。当人们肯定一个人时，别人首先产生自豪情绪，并在内心长久融化、酝酿，形成无尽的精神动力，最终为幸福的产生提供更充分的条件。同时，别人被你肯定时，依然能让你感受到别人的快乐，进而让你产生自豪感，并长期保存下来，成为发展动力，最终让你获得幸福。就像外交行为中的"双赢"一样，让所有人获得快乐、满足和幸福。

　　这"双赢"本身，就是一种积极的社会进步讯号，起码，它能让社会处于一种和谐的状态。在此情况之下，一个人的能量才能被放大，才能在内心深处产生巨大潜能，并为人生进步和社会发展带来更大益处。每个人的心中都有自己的理想生活，这些理想千差万别，但有一种是共同的理想，那就是他们渴望获得心理上的强大、自由和生理上的稳定、健康。最重要的是，当一切还处于发展状态时，真正的人生意义不会升华，因为人们的心理在承受压力，在感受苦与痛的生活。无论人们如何对待知识爆炸的社会，有一点可以肯定，那就是人们越来越倾向于肯定别人、外界和社会，不愿违背自己的良知，不愿背叛社会，不愿失去人性光辉等。

　　摇头的人缺乏责任心，他们总是认为自己才是世界的心中，一切必须围着自己转。点头的人往往更谦逊，更能获得知识并得到别人、外界和社会的尊重。正在发展中的社会需要一种更刻苦的精神境界，所以才会产生种种的尖锐的问题。表现在幸福观上，就是人们盲目否定别人，肯定自己，从而让自己的身心处于一种封闭的理想状态。发展到最高阶段的社会需要一种真正的理想追求者，社会才能说完美。就人才来说，这是他们的必经之路，即寻找理想的生活。事实上，真正的理想生活就是个人处于一个完美和谐的社会中。

　　就这一阶段来说，人的生活总是美满的，寻找着一种更崇高的幸福生活，只有人人都寻找幸福生活，才能进入建设幸福社会的阶段。因此，人才是左右社会寻找幸福的源泉，而人才寻找幸福是一种更理想的修为。在今天的社会，更多的人愿意点头，愿意接受别人、接受外界、接受社会。这是一种理想的社会生活观。在此因素的作用之下，人们会因为生活的社会而快乐。一个需要发展和有待发展的社会以及个人，他们的追求就是一种不断否定，最终实现肯定一切的过程。就机会来说，"点头"总是比"摇头"多，因为我们处于一个极具正能量和光明的社会，无法回避的就是集体和社会对自身的爱、关怀和尊重。

关于幸福，喜欢点头的人总是认为它就在身边，因为幸福就是一种对社会的肯定，就是一种对一切美好的憧憬，就是一切成功理想现实的产物。对于一个人来说，能获得社会声望和成功，往往就是一种个人幸福。而一个社会能造就一批人才，并实现人才理想最大化，那就是一个幸福的社会。今天，中国人越来越有理想，实现理想的人越来越多，社会变得越来越幸福。这很容易让我们想到，幸福社会就在眼前。

人生就是一个不断发展的过程，当发展不再是人们考虑的问题时，最重要的就是寻找幸福。当一个人能肯定别人、外界和社会时，他的一切就美好起来，相反，他的一生将不幸福。因为，点头意味着尊重、敬仰和谦逊；而否定别人、外界和社会，他将是一个无能、孤立和缺乏责任心的人，更无法述及幸福。

第七章
放不下往事，幸福不会敲门

第一节
封闭心灵：一种病

今天，年轻人总是喜欢一个人生活，他们不刻意追求所谓的家庭生活，不轻易接受复杂的人际交往，不随意认识陌生人。这种人往往向往独立、自由，充分发挥自身的能力。表面上，这是一种进步的力量，而事实上，这却是一种病，一种自我封闭的病。

社会在不断地发展，它的内容和形式都在发生频繁变化。当一个人充分发挥自我独立的能力时，社会中就会出现冷漠、自私，并失去它的社会性。一个人过分强调自己的独立、能力和成就感时，那他将处于一种极端的空虚之中，进而影响自己对理想，对成为社会一部分的真正意义。有人说，要想成就社会声望、成功和幸福，就需要成为一个独立而能交际的社会的一分子。就很多年轻人来说，他们喜欢自由，喜欢放任，不强调社会的作用。这很可怕，甚至会将人的生活带入一种极端的状态之中。

以上种种迹象表明，很多年轻人和社会中的一部分人喜欢独立，就导致他们变得孤独、过分渴望成功，并不接受外界对自己的帮助、评价和友好。在此情形之下，更多的人封闭自己的心灵，渴望一种极端的理想主义。就今天的社会来说，新型的人际关系正在计算机网络的带动下而发生变化，人们往往通过一台电脑、一部手机，便能足不出户地进行购物、游戏和工作。但人与人之间的交流却在不断加深，而且越来越深刻。通过现代传播工具，人们可以通过语音、图片和文字进行交流，实现人际关系的深刻变化，并为人际关系的定义带来前所未有的挑战，这是一种积极讯号。正是这种变化，让人心理始终处于交流之中，由此可断定，由于现代计算机网络的形成，人与人的交流实现了"最熟悉的陌生人"式的变化，心灵得到解放，精神生活得到丰富。所以，人们不但未曾封闭心灵，反而更解放了心灵，让精神世界处于一种相当进步、完美的境界之中。

但却有一部分人认为，使用网络只会让人处于一种不正常的状态之中，或者说，他们对网络有种错误而浅薄的认识，始终将自己置身于网络之外，并始终追求网络。盲目的心理让他们不明白什么是网络交流的真正价值，让他们不知道什么是现代化的人际关系。因此，这群人一种游走在真正的现实生活与虚拟的网络生活之间，并始终摇摆不定。在此情况之下，他们对一切产生浅薄的认识，并始终保持自己的独立性，过分要求社会，对一切指指点点，不能接受新事物。就这一点来说，他们觉得生活依然是五味瓶，酸甜苦辣样样尝，并不能从痛苦的生活中解脱出来。

这种人往往认为网络生活是一种病态，认为现实生活是永远的苦味，等等。在此基础之上，他们便产生心理上的巨大误差，在现实与虚拟之间，他们失去了自己的方向，最终心灵封闭，不愿交流。更多的人认为，这种认识有心灵疾病，一次封闭之后，他们就认为自己品尝到真正的生活滋味，于是就再次寻找失意的痛苦，并苦苦挣扎。长此以往，便形成不可避免的心理疾病。

这种人认为精神是卑微的，必须服从于现实。而事实上，人的精神渴望处于一种稳定、良好的状态，就必须让现实为精神服务，并在精神利益最大化时，让现实更稳定、更理想、更和谐。在此情况之下，才能谈得上生活完美，工作理想以及精神富足。

就这些观点来说，封闭心灵往往是一种不积极的讯号，会为人带来痛苦、不安，甚至绝望。走在大街上，这种人总是揣测别人的心理，总是认为恶人比好人多，总是认为心理是丑恶的，表面总是肤浅的，甚至认为世界上的一切东西都是邪恶的化身。凡此种种，他们不愿意接受任何不属于自己的东西，不存在宽容、豁达和敬慕精神。为了能获得金钱、物质和人生中的小小收获，他们总是不择手段，不相信外界和社会给自己带来的积极事物，处处与人交恶。

在此情况之下，他们无法实现真正的幸福生活。在封闭和自我否定的前提下，他们始终不能承认他人和社会。他们喜欢刚愎自用，喜欢用现实中的小小满足否定一切精神世界。这与今天的社会生活产生强烈反差，最终让他们失去人生方向，并处于一种孤立状态。在他们眼中，幸福和理想只是一种说辞，并不能实现幸福和理想。而事实上，越来越多的人实现理想，收获真正的幸福生活。

为什么封闭心灵是一种病呢？事实上，社会发展到一种稳定的状态时，它就需要每个人精神富足，并不断地影响社会，不断地进步，使社会和人生处于一种优化的状态之中。当一个人在现代社会中依然孤立、保守，甚至是自私冷漠，那他就无法实现理想人生。心灵处于无限的变化之中，才能实现完美状态，社会处于无限变化之中，个人才能实现人生理想，完成一个最有意义的人生。

中国还处于发展之中，但有的人已经实现了发展之中的人生理想，就发达地区来说，人们的精神世界已处于一个稳定而理想的状态，这些人拒绝孤立、绝望和黑暗现象，积极向上的精神被塑造起来。而在一些持续发展的地区，人们的精神世界总是出现这样那样的问题。他们为生活周日劳顿，为金钱用尽心机，为家庭苦苦算计。尤其在网络时代到来时，他们因缺乏知识、能力和认知，往往迷失在社会的角落里，始终处在一种极度的空虚、浮躁和冷漠之中。当金钱越来越容易获得时，他们变得更浅薄、更自私，为与社会产生共同发展、共同进步的精神。

这是很危险的现象，因为社会的进步往往受到这群人的制约，而这群人的有限力量往往会产生更深远的影响。因此，现代意义的人生不能为他们所接受，而是在现代与传统之间失去了方向，成为一种无法进步，甚至是无法生存的人群。所谓现代社会，就是实现精神利益最大化，并为人的生理和外界环境带来稳定而持久的状态。就中国来说，真正意义上的现代社会还未成熟，在现代与传统之间，部分人无法实现现实与心理的理想平衡，即无法实现理想且科技人性化的人生。

无法实现真正的现代化生活，越来越多的人在求变，当现实变化时，人的心理因此而变化，心理变化时，合理的认知和科学的判断就会出现。在此情况之下，更多的人更能接受新事物，能获得现实与精神世界相平衡的快乐，使自己的人生达到一种理想的状态。

封闭心灵的人无法实现以上目标，他们往往不能客观、科学地认识世界，更无从提及改变精神世界，进而影响现实生活，并让自己获得物质与精神上的双丰收，最终将精神上的荣誉、社会声望和成功，转化为自己稳定而持久的心理反应，实现理想的幸福生活。一个人能获得幸福，往往是因其现实的安逸，精神的足够富足，以及对金钱观的认识。今天的社会财富如此之重，如此之新，如此之多，前所未有，它足够一个人获得现实中的安逸；随着知识越来越多，教育的普及，以及交流的频繁，人们获得足够的知识易如反掌，精神财富处于一种极度的丰富之中；就金钱观的认识而言，人们从前是肤浅的，认为获得金钱就是为了吃饭，为了养家糊口，但到了今天，越来越多的人认为，获得金钱是为实现人生价值，是为了获得社会声望和社会关爱、尊重，进而产生理想而丰富的精神世界。

从以上三点的进步和丰富可以得出结论，人们获得幸福已形成充分条件，在此情况之下，诠释一种更合理、更具意义的幸福观势在必行。自从我们将痛苦撵走之后，自从我们将人生建立在快乐之上时，精神现实生活的极大丰富、世界的丰富和心理的足够强大，让人们很容易寻找到幸福人生。幸福就是现实与精神世界的真正升华，并处于一种稳定、完美和持续变化的境界。当人人都追求幸福，并成为一种生活习惯时，才能谈得上幸福社会。人们需要幸福社会，需要开放、自由的人生观，因此，自我封闭的人往往只能获得有限利益和有限享受，而一切都成熟时，人们就能寻找到幸福。就今天的形势来说，人们刚刚开始寻找幸福，并为之苦苦奋斗。在开始阶段，人们需要诠释一种理想的幸福观。无论从发展角度说，还是从成熟的思维塑造方面说，都是至关重要的。

第二节
能不能多点微笑

人生中，最真实的感情就是微笑，当一个人微笑时，他总能表达出一种高尚的情感；当一个人微笑时，他总是能赢得自信；当一个人微笑时，他总是能在竞争中表现出优势。发展是一种接近自信的表现，只要人们能在发展中掌握主动权，那将是一个接近完美的人生。一旦人们能在发展中选择一种坚定的、持续的生活和工作方式，就会让整个生命迸发出热情。所以说，人们在生活、工作，或发泄情感时，能以微笑的方式进行下去，那人生就会变得更有意义。

现实生活中，人们认为，严肃就能办好事情，严肃就能让效率提升起来，而且，更多的人认为，心理强大的人不会不严肃。看到别人一丝的轻松，就认为别人玩世不恭，就认为别人没有前途。在此情况之下，更多人选择板着脸，甚至在大街看见熟人也不理会，更不必说笑脸相迎了。这是一种好现象还是坏现象呢？就这个问题，我们便认真考虑、发现、分析，并总结，渴望慢慢地得出结论。

严肃是一种独立的表现。就一般人来说，严肃是最有效率的办事方式，使人一丝不苟，让人时刻保持积极、紧张的状态。在此情况之下，工作效率得到提升，人们开始喜欢紧张氛围，热爱一种疯狂的工作方式。表面上看，这种状态很理想，让人快速进步，但事实上，越来越大的工作压力，越来越高的工作效率，让人们的精神世界处于一种由激情到亢奋，再到疲劳的状态。一年、两年和三年的紧张状态能让人心神亢奋，甚至产生更大的工作动力，但十年、二十年，这种状态依然存在，心理上的压力就会过大，无法适应不断变化的社会生活。因此，严肃的人们压力大时，紧张就处于一种良性状态之中，而严肃到极点，甚至到极限时，必然会出现逆反现象，使得人们渐渐失去压力给自己带来的满足感，甚至失去对外界的好奇和占有欲。由于一种严肃的态度，让人们处处碰壁，无法释怀。

　　单单就事实而论，这是一种独立，独立的人严肃要求自己，要求自己是世界上唯一的权威，要求自己是世界上独一无二的成功者，等等。而这样的人生，只能在极少数人中实现。严肃与玩笑对立，玩笑却是一种对生活的深刻体悟，并不断地左右生活，而"严肃"更能说明一个人在生活上的失败，工作上的成功，使人更独立。因此，严肃就工作而言，带有强烈的进取、进步和成功的色彩。

　　"玩笑"是一种豁达，是对一切友好相待的生活方式。就工作而论，玩笑是万万不能有的。当玩笑的人遇到严肃的人时，两者之间便显现出本质的区别。严肃的人的战斗力和工作能力强大，持续地工作几天几夜也不在乎。而玩笑的人，喜欢情绪化工作，只要一点点不如意，或无生活上的惬意感，就会放弃工作，做别的事。表现出来的状况就是三心二意，玩世不恭，甚至是"这山看着那山高"。

　　当遇到困难时，严肃的人总是全力以赴，利用自己的知识拼命地解决问题；而玩笑的人总是喜欢寻找激情，然后通过帮助、习惯思维和对生活工作的认识等方式解决问题。两者都有解决问题的可能，而严肃者是一个人解决问题，玩笑的人则通过外界援助和自身内部的强大解决问题。在此情况之下，严肃者解决问题的效率明显下降，玩笑者很轻松地就能解决问题，并保持和谐的工作关系。

问题多且复杂时，玩笑者就有了自己表现的舞台，而严肃者只能望而却步，因为，严肃者只是一个人在奋斗，无法实现群体或一个组织的完美跳跃。当困难变成不可阻挡的现实时，严肃者的精神不如玩笑者豁达，他们的缺点开始暴露，并失去对一切，甚至是否定自己。在此情形之下，玩笑者只是置之一笑，最终将失败化成动力，为以后的工作做精神和历练上的储备，最终实现长久成功，并为幸福的生活和工作留下一大笔财产。

当失败降临时，应该怎么应对呢？这需要深入思考。严肃是一种好现象，可以成倍提高效率，可以事半功倍。这是一种理想化的状态，在不断的发展中，一切行为都被认为是严肃的，这样才能获得他人的尊敬。今天，严肃是一种苛求，是美好人生的绊脚石。更多人认为，困难越来越少，严肃的人越来越多，而遇到困难时，人们只有坦然面对，拥有一颗豁达的心的人，才能微笑着战胜困难。

微笑的力量是无穷的，站在一个人面前，如果冲着他微笑，你会发生别人的脸上充满着温暖和尊敬的神情；如果板着脸面对他，你会发现，别人的眼光都是那样尖锐。当在一群人中时，只要微微一笑，你便会发生别人都在瞩目你，你的人生意义会升华，发现一种更高尚的人间真情。一种真正的生活，必须充盈无限的光彩，只有让生命的烈火燃烧时，才能真正品味到幸福。有时，幸福就是微微一笑，然后将其藏在心底，一整天沉浸在快乐之中，一整年都在和谐之中，一生都在美好之中。

坐在一个房间里，你可能会因窗外的风景而微笑，这是自然给予人们的心灵天堂；站在茫茫人海中，看到别人注视你，你会微笑，因为通过别人对你的尊重,你会发现自己是世界上独一无二的人。同样,你的微笑会给自然、社会带来越来越多的精神力量,让一切都能彻底融入你的世界。

微笑是一种幸福的表现,只有让微笑成为主宰,让一切玩乐成为生活中永恒的部分,才能实现精神世界的完美跳跃。一个人严肃时,总是表现出排斥、冷漠和孤立心理,与今天的社会不稳合。只有充分融入社会,才能享受生活的真谛。工作是一种生存手段,同样,也是一种接近理想化的生活方式。当工作不再是辛苦、劳累和不安的集合时,真正意义上的工作就会升华,形成一种更高尚、更有情趣的生活。

人生中的一种痛苦往往就是严肃带来的,在这种人生中,更多的是抱怨、烦躁和冷漠。当一个人拥有这三种秉性时,心理开始越来越弱小,精神开始越来越憔悴,人生看似坚定的航向却在时时偏离。其实,解决这种问题的方法很简单,那就是冲着你身边的一切微笑,包括爱你的人和恨你的人,甚至包括高高的蓝天。

遇到困难时,微笑是一种释怀,是一种自身精神的解脱,是迈向最终成功的态度。微笑着面对一切,幸福就会降临。幸福的人总是喜欢平淡却充满人情味的生活,它自然、豁达而恬美。幸福的状态就是这样,它不能让人发现,却在时时被人们享受着;它不能成为一种表现化的情感,却时时以微笑的名义对世界说话。

只有真正理解生活的意义,才能形成一种科学的幸福心理,才能获得幸福。一个人的幸福从内心表露到表面时,往往表现出的是平和的言语,轻柔的举动和悠闲的精神,就像和风细雨一般,让人始终处于一种安定状态,并在内心深处产生对外界更深刻的认识。

微笑总在幸福之后出现,当一个人脸上挂满微笑时,便能看出他对外界的正面认识,便能看出他对生活的理解,便能看出他对生命的尊重。在此情况之下，更多的人习惯在春风里、艳阳下和光亮处冲人微笑，这既是一种爱的表现，更是一种对未来的美好寄托。

人与人之间存在的关系，不仅是亲情、友情和爱情，还有一种更伟大的情感，那就是幸福。当一个人追求幸福时，每个人都会尊敬他、呵护他、仰视他。当一群人追求幸福时，那人生便不再是一种简单的情感和理性的集合，它会超然一切，并将感情反应当成精神世界里的一切，最终形成稳定，可持久感受的幸福。人生的放大，需要心灵的放大，家庭的放大，需要社会的放大。一切都在膨胀、发挥时，人们的必要追求就是寻找幸福生活。

今天，幸福生活已越来越明显、越来越文明地向我们走来。幸福生活是对人生的提炼、发酵和升华。当它达到顶点时，一个稳定、富有变化的精神世界被塑造出来。直观地表现就是，每天脸上挂着笑意。所以，一个人不快乐时，是否可以多点微笑，一个严肃的人，是否可能忙里偷闲，在镜子前，在长辈面前，在成功者面前微笑。因为，我们的世界是美好的，需要更多的微笑来点缀世界，照亮每个人的心灵。

第三节
"感觉是对的"就行吗

人生是一个发酵的过程，只有不停地沉淀，不断地挥发，才能品尝到最后的快乐。当人生被别人肯定时，就需要一种积极向上的精神来做动力，并在内心深处产生持久的发展力量，同时产生更坚定、执着和自信的信念，实现美好而幸福的生活。在此基础之上，才有真正的成就感和无限宽广的前途。

有人说，成就感就是自己认为是对的就行了。事实上，自己认为是对的是一种自我解脱与肯定的方式，并未能对察觉幸福产生更深远的影响。真正的幸福，是外界对自己传递信息，是别人对自己真实的肯定，是社会对自己人生的一种高尚评论。只有如此，人生中的生活和工作，尤其是工作，就会有不一样的幸福体验。但是，真正的体验并不是幸福。体验只是一种情感反应，它更重视过程。此过程只能在平静、感知和提高的发展中产生。发展是一种让人无限憧憬的事。而发展的最终目标不是结果，是享受其中的乐趣。最终，让人在认知上产生对社会、自然和心灵的更科学、合理的认识。

在此情形之下，才能诞生出越来越成熟，越来越符合外界事物发展和现状的判断。这些就是科学幸福产生的客观条件。

客观条件确定之后，才有一个至关重要的因素，那就是主观世界的自我判断。这是获得幸福的重要一环。当外界和社会都处于一种高度的有序与和谐时，人才越来越多，知识数量大得惊人，使得人们轻松便能获得，并产生求职和事业上的成就感时，那么自我认知的主观判断便十分重要。社会是复杂的，人的心理是多样的，知识、学历和思想都是千差万别的，认识一个世界，需要通过各种各样的角度，并产生深层次的认识，为自己的天性所接受。

这就告诉人们，要想成为一个对社会、人生有充分认识，并享受的人，必须通过自身认识，并获得别人无法获得的深刻领悟，为自己的生活和事业带来巨大的发展，这才是获得幸福的根本动力。前提是，社会必须高度发达，科学水平足够提高，知识数量大到惊人的程度。

外界的一切都具备时，真正的幸福就能产生。通过对复杂事物的认识，通过对社会现象的梳理与调整，让自己产生科学的认识，并为世界带来更多的思想、向上精神和发展动力。但是，现在又有一个问题摆在人们眼前。那就是客观与主观条件都具备时，如何才能实现一生的幸福生活呢？个人判断是正确的往往表现在三方面：第一，外界和社会是一个接近完美或者相对完美的世界；第二，自己的知识和能力达到成熟的地步；第三，他人对自己有着足够的信任、尊重，并给予客观正面的评价和支持。

就第一点而论，今天的社会，无论是知识、科技还是物质以及金钱，都已丰富到爆炸的地步。人们很容易享受到必需的物质条件。在此情况之下，才谈得上真正的理想、成功和荣誉。事实上，越来越多的人能实现自己的理想。第二点则是，知识越多，越能让人产生更多对社会、自然和心灵的认识，并让自己处于一种稳定的情感世界里。当一个人通过书籍、电脑和手机获得知识时，知识就唾手可得，在此情况之下，幸福自然不言而喻。第三点则认为，客观与主观条件皆具备，并让人沉浸在一个幸福的海洋里时，更高层次的幸福便需要他人和社会对自己的肯定，以及外界对自己产生物质与精神两方面的肯定，让自己始终在荣誉、光环和被尊敬之中，进而产生真正意义上的幸福。

当客观和主观条件都具备时，人们可能觉得社会上的一切都是自己的，什么都不必在意。事实上，他人甚至是舆论对自己的影响特别大，只有将人际关系处理好，得到自己所需的事物与精神，得到社会和他人的认可，并对自己心灵产生强烈刺激，享受成就的快乐。这样，才能实现人生的幸福，进而影响社会的幸福感。在此情形之下，越来越多的人认为，"感觉对了"是一种接近完美之后才犯的错误。因此，让幸福产生，并让外界对自己做出更科学、更合理的评价，才能将人的社会价值展现出来。

也有人说，市场就是一个让价值无限延伸的场所。可能，当一个人在市场上呼风唤雨，那他的个人价值与社会价值都会得到最大程度的满足。因此，在经济大潮之下，用市场说话也是一个极明智的选择。

事实上，"感觉对的"就是一种主观上的错误，而这种错误往往会给人带来心灵上的扭曲、认识上的局限及精神上的倒退。当一个人不断学习时，他往往需要认知上的提升，甚至是自我心灵上的膨胀，为了能让自身处于一种极完美的状态。但在一个复杂的社会中，这种认识属于极少数人。因此，绝对完美的状态几乎不存在。通过专业，人们能实现思想的完善；通过专业，人们能实现理想的生活。因此，专业性极强的人总是不认为"感觉是对的"。他们认为，只有自己认识自己是对的，进而让外界和他人认为自己是正确的。如此，方能实现真正意义上的幸福。

在人的生命里，感觉是至关重要的一部分。思考、认知、思维和感觉都是人生不可或缺的力量。当然，前三者是一种对世界的科学认识，但世界发展到今天，更多的人喜欢感觉给自己带来的精神享受。有人认为，感觉一次，或从感觉上判断一次事物的对与否，那是人生无尽的享受。因此，感觉往往在思考、认知和思维因素之上发挥作用。当一个人感觉神经越来越丰富实，那他的精神世界将变得绚烂无比。当一个人在用感觉判断知识、社会和观念时，他的实力就已达到顶点，甚至是超乎想象的。

但是，感觉往往让人无法形成正确的认识，它需要外界对自己的支持，需要社会对自己的认可。感觉往往让人处于极度的和谐之中，会让人迷失方向。只有让一个人的精神世界彻底解放，才能实现人生中最美丽的部分，最让人自由的部分——感觉一切事物。喜欢感觉的人就是一群处于相对安定，但能受到他人包容的人。今天，很多的人喜欢感觉，认为感觉不会给自己带来痛苦。事实上，感觉到的事物不能受到外界承认，进而让外界对自己产生各种各样的偏见。最终，使得人们认为是对的事物被别人否定，被社会否定，导致自己事业失败。

现在我们便可以这样认为，"感觉对的"是一种高度的自我认同，却很难收到外界对自己的承认。不可否认，越来越多的人承认感觉的可贵，而它带有强烈的感性和简单认识，因此，一个人感觉对了不能说明一切情况，一个人感觉对了不能征服世界，只能成为自己生活中的快乐源泉，当它暴露在社会上时，往往受到这样那样的打击。只有让人生处于一种极度有序的和自由的状态时，才能谈论感觉，才能提及伟大的人生意义。社会上的一切事物都在有序发展，当一个个有序的状态都出现时，人的心灵便产生种种错误的认识，进而让感觉退到最低级的阶段。这就告诉我们，凭感觉做事只能是一种表面化的状况。

感觉是对的，现实是错的，这就是现代人常常犯的错。事实上，越来越多的人随着能力的提升，包容性的增强，更多人的感觉都能获得他人认可。对于有些人来说，感觉是对的就是一种对本能的挑战，对生活和工作的极大打击。在此情形之下，更多的人要求社会给自己带来更多的好处，要求社会给自己带来更多的精神财富，从而让自己产生感性认识，最终实现理想的人生。

不得不说，感觉是对的就建立在包容、理解和对他人的不断肯定之上。但事实上，感觉是对的还不足以让人在认知和思维方面得到提升。所以，感觉是对的只能是一种无法超越的精神动力，如果无法得到外界对自己的深刻认可，会为自己的事业带来负面的打击。因此，"感觉是对的"并不能让人生产生深刻的变化，当它让人处于极度的感性享受中时，外界却在蔑视这种现象，最终让个人的幸福感受到打击，并让人产生对社会的错误认识，进而使人失去真正意义上的幸福。

第四节 伸手不如动手

在世界上,很多人总是愿意索取,不愿意付出。因为,索取是不劳而获的简单行为,而付出则是要建立在劳碌、无私和奉献之上的。人们必须通过种种高尚的精神和大胆的开拓,才能实现付出和做出贡献。就索取而论,只要伸出双手,并说出自己的要求,就能实现目标;而付出,则是默默无闻地工作,认真地将精力、人生和信仰全部交出去,让一段时间或一生都处在紧张劳碌之中,这样,才能实现真正意义上的付出。

就一般情况而言,索取是一种更能让人堕落的情绪,甚至是裹足不前。它一味地向外伸手,并将自身处于一种接近懒惰的状态之中,最终自己只能生活在一个小范围内。最后,在一切都不能实现时,那些不必要的、负面的,甚至是阴暗面都会表现出来,让人的心灵和认知产生偏差,给人们带来巨大疲惫,带来在现实生活中的堕落和裹足不前。在此情况之下,伸手时的情绪将会发生变化,因为,人生本是个适当索取的过程,而且,人们不能付出,往往就无资格索取。

索取是一种生存手段，但索取更是一种因人生发展不再被重视的现象。就这一点而论，索取是不积极的讯号。因为，它不需要自身的努力、奋斗和精神升华。在此情况之下，越来越多的人倾向于回避索取。但更多的人，还是渴望无限索取，并在生活和事业上默默无闻。

懂得付出的人，有着一种高尚的精神，像心灵上的一道彩虹，容易被社会认可。因为，付出往往意味着进步、奉献和追求。当人开始付出时，他的精神就会不断地升华，并与社会产生同步反应，主要表现在知识的增长，社会阅历的丰富和人生意义的升华。甚至能将人的心灵带上一个接近完美的境界。当人开始付出时，往往意味着奉献，付出是一个施舍而不问回报的过程。在此情形之下，更多的人渴望获得一种更高尚，更能代表现实价值的事物。它在人的内心深处，让人无法放弃最本能、最能代表人性的一面。由此，奉献精神便产生了。这与个人发展和社会进步有着必然的关联。当一个人奉献时，他的精神和现实世界都会得到空前发展；当一个人奉献时，他的一切个人行为都被捆绑在社会之中，并为每个社会成员指引方向。付出还意味着一种追求。当我们有理想并敢于追求理想时，人生的意义就会被放大，不断地影响他人、社会和世界。追求的人越来越多，实现理想的人越来越多，建立美好生活的人越来越多，就说明社会越来越进步。

当个人开始酝酿发展精神世界时，他就会产生对成功、荣誉和被尊重的冲动。在此情形之下，他会用知识、能力和交际来告诉世界，个人的力量往往能冲破现实的界限。当他的知识、能力和交际足够强大时，他便会产生一种付出精神。在人的一生中，付出往往是伟大的。只有让个人的一切因素强大起来，才能带来一种理想，一种更可贵的精神动力，最终获得接近理想或理想的生活，并收获幸福。但是，这种幸福是短暂的，或者说是只能在一个小范围内存在。因为，一个人只有在社会中充分竞争、发展和进步，才能实现无局限性的、长久的幸福。

因此，个人发展到顶点时，往往需要付出，成为他人和社会需要的一部分。所谓的人才，就是让自己充分发展，拥有大量知识和财富，并对社会产生影响力的人。今天，要想成为一个人才，就必须放弃过分的个人追求，将自己放入一个大环境中，让外界认同自己，让社会尊重自己，让世界拥抱自己。只有这样，人们才能获得真正的幸福生活。它需要一种力量，那就是付出。只有付出，才能让他人看到你的光环，社会才会给予你名誉和尊重。

当这一切都具备时，最大的难题就是，如何才能真正地付出？有人说，付出就是不问收获，将自己的一切，甚至是生命献给社会。这是不确切的。社会的组成是个体的结合，其中有党团社会组织和个体组织。就根本来说，无论什么组织，都离不开一个因素，那就是个人。只有个人发挥作用时，组织才能实现事业上的成功。如果离开个人，那组织将很难履行任何社会行为。个体的生存需要许多必要的条件，像物质、金钱、知识、社交能力和工作能力等。因此，只有个人存在，并处于一个稳定的环境中，才能谈得上社会发展和进步。因此，过分地付出，或者说一味地付出，甚至献出生命，往往是一种不科学的付出。

真正的科学付出，就是对社会奉献，进而为自身带来一种稳定的、持久的、能产生强烈荣誉感的精神和行动。进入一个有序并高度发展的社会，人要想获得自己所必需的精神和物质财富，就必须用付出来实现。更多的人认为，付出就是大无畏精神。这也是不对的。因为，付出伴随着人生的发展、思想的进步和物质生活的殷实。

一个人付出到无法生存的地步，那他将失去最起码的生活条件，心理上产生巨大的空虚感和失落感。最终让人无法科学认识社会和世界，导致对信念和人身自由的错误定位。在此基础之上，又让人们对付出产生误解，即付出就是工作，就是不要报酬，不讲究幸福生活。因此，付出是对人生的一种洗礼，是对生命意义的伟大诠释，而不是孤立、绝望和自私。

在这个世界上，如果人们要获得一切自己需要的东西，就必须懂得付出。因为，付出是一个积累社会荣誉感和精神财富的过程。只有当这些条件都具备时，才能让人们对外界产生认同感，让人们对社会发展有深刻认识，让人们对索取产生正当的理由。在漫无边际的人生道路上，真正的付出是能获得回报的。回报就意味着生存空间的扩大，健康的心灵成长和事业的进步。一切都能有条不紊地发展，才能看到真正的付出的意义。付出的能量往往是一个人最简单的生活理想，只有在心理生理都健康成熟和知识足够多时，才能实现真正意义上的付出。

索取是一种排斥外界和社会的行为，只要人们用最简单的言语和姿势，然后以恳求的姿态获得一切事物时，它就变得十分简单，甚至让人产生种种不健康的念头。也就是说，索取往往带有吝啬、自私和裹足不前。站在一个地方，只要伸出手，便能得到自己想得到的。而付出者不同，他们总是辛勤地劳动，并用最复杂的心态来理解和掌握社会上的一切，进而为社会做出贡献。当一个人的心灵足够饱满时，他的现实世界也会跟着饱满。因为，他们懂得付出的意义，认为付出会让人对社会上的一切产生好感，让自己对一切产生好奇心。

索取是生活需要，但一味地索取，只能让人忘记付出的快乐。快乐是建立在一切积极向上和进步发展之上的。当快乐被错误定义时，索取就会慢慢变化，变为一贯索取，并不认为那是一种错误，甚至认为社会必须这样。很明显，要想获得一切生活资料，包括精神动力，都需要付出。当人付出之后，才能体味生命的伟大和真谛，才能为自己开拓一片天空。

　　索取者拥有的幸福与付出者拥有的幸福有本质区别。就心理层面而论，索取者更容易冲动，他们懂得不劳而获的快乐，反应在内心中，并表现在表面上，是一种自私的情绪；而付出者，则更容易获得社会层面上的幸福，因为，他们在付出之后能获得知识，并为更多的人带来利益，产生个人自豪感和社会荣誉感，表现在内心，就是浓烈的热情和高尚的人生领悟。因此，付出者的幸福带有强烈的社会性，更能使他们沉浸在幸福之中。

　　可以断定，付出是一种高尚的人生境界，能在人们的内心产生更强烈的社会意识。索取则是一种自私的本能。在一个现代化的社会中，只有将人们的精神建设得足够强大，知识获得得足够多，才能实现付出的奉献动力。因此，伸手不如动手。动手的人必然会走向付出者的行列。而索取者只能伸手，如果社会上什么都没有了，伸手的人只能默默无闻，甚至是绝望。

第五节 用心就能得幸福

当人在生活中出现问题时，往往表现在工作和事业上。当工作不成功、事业无成就时，生活上的问题便随之而来。在此情形之下，更多的人愿意接受一种简单的生活，因为，简单就意味着轻松、放任。今天，越来越多的人追求一种简单生活，而事实上，简单的生活就意味着复杂的心理，复杂的心理就意味着伟大的人生意义。生活越简单，社会给予人们的心理能力就越强，反之，生活越复杂，心理就变得简单，甚至是一片荒芜。

此时，更多的人看到工作与事业的重要性，人生中，工作和事业是生活动力的源泉。因为，只有让工作与事业强大起来，生活才能有起色，才能让不一般的心理产生强烈的刺激、荣誉感和收获。在工作和事业上，人们往往一丝不苟，精益求精。当在工作与事业上获得幸福感时，生活上的幸福才能形成，进而影响人的一生，获得更富足、更有品位、更精致的生活。

事业上成功的人，往往都是在很多方面细致入微、一丝不苟的人。今天，拥有知识的途径越来越多，很轻松地便能获得终生学习的客观条件。当知识足够多时，能力就是一种简单的人生组成。当知识和能力强大起来时，还缺少一种成就事业的主观条件，那就是"用心"。只有知识和能力的人往往按部就班，便能获得成功和成就。但是，人才的增多，随之而来的是工作压力的增大，人只有实现超越他人的目标，才能成为他人眼中的人才，实现自身价值。因此，当知识与能力成为一种普遍现象时，那更高层次的工作精神——用心，就会发挥重要作用。

在工作上，知识和能力是必不可少的两种因素。一个人在工作上的成功，往往需要运用自己的知识和能力来解决问题。但是，在现代社会中，工作的强度和难度随着人才的增多而不断提升，在此情况之下，才让工作成为一种高度复杂的劳动过程。往往知识丰富和能力强大时也无法完成某项工作。这是知识运用到高级阶段时产生的，至于能力，更需要知识作为基础，通过深刻理解知识，并与实际结合，产生能力。知识和能力具有滞后性，工作中还需要一种态度，那就是"用心"。这是主观性极强的事物。

用心的人为什么会获得幸福呢？其实，当知识与能力表现在工作中时，人们的心理就会产生满足感和荣誉感，前提是人们需要创造价值，收获成功。所以，工作的重点是解决问题。问题得到解决，需要一个用心的过程。此过程包括对知识的理解，对能力的提升。在此基础之上，人们才能获得一种不断进步、不断满足、不断成功的结果。

用心就意味着人生开始发酵。只有让人的力量发挥到高度自由的状态时，才能实现用心工作，进而上升到事业层面上来。最终，让人的心灵得到美化，让人的社会成就感得到提升。更多的人认为，用心工作就是一种生活，可以为人带来无穷的能量。在一个社会内，用心工作的人往往能获得他人的尊重、敬慕和认可。在此情况之下，才有真正的幸福。从更深层次理解，就是越来越用心工作的人，在事业上也会越来越进步、成功，心理上也会越来越稳定，产生持久的心理感受。因此，用心就是一种心理层面的幸福创造，并使人们受用一生。

"用心"会给人带来精神上的最大满足感。工作中，人们只有用心地发现、用心地解决、用心地感受，才能获得真正意义上的人生发展。当以上三点都实现时，人生开始步入正轨。更重要的是，人们在心里更能拥有一种高尚精神，那就是，用心体会工作，甚至是体会生活中的一切。心理强大，能力提升，知识获得，便能让人产生强烈的满足感和荣誉感。就内心来说，这是最大的享受，是让人产生对一切事物热爱、忠诚和自信的事物。今天，越来越多的人不谈论幸福。但不谈论就是一种回避。当意识足够强大时，才能发自内心地体会幸福，并终生产生科学的幸福意识。在此情况之下，才有人们对知识的理解，对社会的热爱，对生命的思考，等等。

"用心"的人是社会的主宰者。当人生在不断地发展时，往往要突破个人瓶颈。当第一次突破成功时，人生就变得有意义；当第二次突破成功时，人生便开始升华；当第三次，甚至是更多次突破成功时，人生就变得越来越幸福。其中，这需要一个永恒的因素作用，那就是"用心"。用心之后，人们能产生无上的荣誉感，能让人对社会产生积极正面的认识。因此，用心的人能获得成功，能让社会接受自己，能为国家带来一定的财富和价值。在此有情况之下，才能真正主宰自己的世界，才能成为真正的社会主人。当然，积极进步与用心有区别，但用心的人总是能突破一切，让心灵处于一种相对安定、完美的状态，成为社会的主宰。

"用心"是一种领悟生活的高级阶段。在工作中，长期的劳动能让人产生对工作的另类理解。有人认为，工作就是一种高级的生活状态；有人认为，工作就是一种不断升华，不断付出，不断满足自身要求的理想状态。在此情况之下，才有真正意义上的文明，并产生更文明的工作状态。在人的一生中，精神与理想的碰撞是最伟大的事。只有让人的心灵强大起来，让人的理想在一个无限的范围内发展、发挥，才能实现现代意义上的工作理想。工作时间越长，人们对工作的理解就越深刻。当人们开始从工作上领悟种种道理、处世哲学，并自己创造知识时，那就是一种对工作状态之下生活化的领悟。因此，用心的人往往将工作当成对社会、对生活的领悟，进而产生更科学的心理反应。

用心的人往往能发现幸福的源泉。在人的一生中，只要能用心，并持之以恒地坚持下去，便能获得心灵上的满足感。在此情况之下，才有真正意义上的人生和进步。有人认为，理想的人生就是用心工作，用心生活，不断升华精神，产生对社会的正确认识，最终实现一种理想的生活状态。在此情况之下，才有一种主观创造，为工作带来持久的动力。当社会发展到一种接近完美的状态时，人的心灵也会发生变化，主要表现在对知识的追求态度，对世界的认识和自己的创造上。当创造成为一种常态时，人们会发现，幸福就在身边。幸福是一种人生的完美阶段，是一种对思想的高度认识，是对社会的高度认同感和对人生的正确定位。

创造是人类最伟大的精神。当创造成为一种让人无法抗拒，甚至是社会发展的主要动力时，社会就会将个人因素放大，让人产生幸福感。在此基础之上，才有真正意义上的幸福人生，才有人类最伟大的文明。现代化社会中，需要善于创造和敢于创造的人。当这群人在社会上发挥力量时，国家才能提及发达程度，才能提及文明程度。当个人不断创造时，便能产生无尽的幸福感，为他人、集体和社会带来更多的精神价值和物质财富。

　　创造者需要具备的素质是知识、能力、文化和激情。当这四点都具备，并发展到成熟阶段时，人的本能就被激发出来，最终实现创造，并获得幸福。在此过程中，依然贯穿着用心的精神。用心能使人的心灵越来越强大，能使人的物质世界越来越丰富。这些条件具备之后，才能谈得上幸福。因此，用心的人会拥有幸福。同样，用心的人也是积极进取，成为获得他人和社会肯定的人群。社会发展越快，人们心灵变化得就越大，同样，发展到高级阶段时，人们的心灵就强大起来，唯一需要拥有的，就是"用心"。

　　用心就能得到幸福，这几乎无可辩驳。它往往伴随着知识的增长，能力的强大和领悟力的提升，将工作当成一种理想化的生活状态，产生持久、稳定和有效的心理感受。这就是真正的幸福。它属于一个社会，也属于每个人。

第八章
心灵美——真正的幸福

第一节
社会在进步心灵要同步

世界上最难得到的是享受。在过去，常常有人说，享受能给人带来一切快乐的东西，让人沉浸在无尽的幸福之中。而今天，随着社会的进步，物质财富的增多，以及个人力量的强大，人们的心灵变得越来越强大，可以更加容易地享受社会给自己带来的一切。在此基础之上，会产生真正意义上的富足、美满的享受。当社会在不断进步时，人们的心灵是否在进步呢？这是一个急需了解的问题。

在一个社会内，当一个人的内心产生对社会的深刻认识，并形成自己的世界观、社会观和人生观以及价值观，才能成为社会的主宰。因此，当社会在一个无限范围内不断发展、扩张时，心灵就必须发生变化。今天的中国，甚至是世界，很多人都会将心灵塑造得强大，进而为个人、社会带来更多的价值，并时刻享受社会给自己带来的一切。在这种情况之下，真正意义上的人生被放大，形成自我肯定、用心生活和工作、时刻保持最高期望值，等等。

这就意味着，人生需要在一个无限的社会范围内伸展。在此情况之下，才能产生价值。这种价值是个人、集体和社会三方面的结合，进而让个人和社会得到升华。最终，形成真正意义上的幸福生活。在人的一生中，最伟大的力量便是进步，只有让精神强大起来，便能产生持久的幸福。同时，社会在以一个让人无法想象的速度发展。发展就意味着放弃不好的东西，创造新鲜的、进步的东西。如果人们的心灵不能进步，那人只能处于极度空虚，甚至是迷茫之中。

社会的进步，往往意味着人的进步；人的进步，往往意味着思想与精神的进步。在此情况之下，人们才能实现对外界的追求、发展和对外界的正确认识。在一个现代社会里，只有让个人发展到一个相对完美的状态时，并在心灵上产生强烈的作用和反应，才能实现自身价值。也就是说，社会的发展必须伴随着个人心灵的成长，享受社会对自身的肯定和赞同。

今天，科学技术已成为社会发展中最重要的力量之一。当计算机出现时，社会的就开始酝酿网络经济，当手机出现时，社会就开始酝酿文化经济，而当互联网以及衍生行业成为一种生活时，社会就有了翻天覆地的变化，并形成成熟的网络经济，让人的因素发挥到极点，产生文化效应。最终，使得社会和国家在一个更复杂、更繁荣的世界里发展和壮大。

此时，人如果不学习，不进步，不掌握专业技能，就无法全情投入社会。在一个有限的世界里，寻找无限的精神享受是人人追求的目标。当社会一直向前发展，并为人们带来技术、知识，甚至是文化爆炸时，人人都认为，进步是一种必然。它必须在高度文明的社会内产生对高度文明的认同感和参与意识。只有全身心地投入社会，才能将自身的发展和价值带到一个稳定而完美的状态。

有人说，如果一天不学习，别人就不愿跟你说话；如果一个月不学习，你就无法工作；如果一年不学习，你将变成一个无知，甚至是孤立的人。因此，人人都渴望学习，渴望进步，寻找属于自己的社会坐标。当真正的人生开始升华时，一个进步的现象就会出现；当一种进步现象出现时，社会进步的意义才真正形成。只有让人生在一个有限的社会内被无限放大，才能实现理想和获得幸福生活。

一个人的知识、能力和认识往往需要对个人、社会以及世界产生创造性的认识，进而形成自己对美好事物的认识，最终形成强大的心理。尤其在今天，只有社会进步，才会出现这种情况，只有社会发展，才能实现个人的完美飞跃。而个人，始终是社会的重要组成部分，人直接作用于社会，并产生个人到集体，再到社会的强大力量。这样，才会有一个相对稳定的社会。

现代化的社会中，当一个人用自己的心灵感受世界时，往往需要强大的认知能力，认知能力的背后，是庞大的知识储备，强大的能力和高尚的个人品行。只有让这些都成为社会和生活的决定因素时，个人和社会才能真正地走向成熟。当个人的发展达到一个顶点，或理想状态时，个人便对他人、集体和社会产生强烈影响，进而促使社会进步。

很多人认为，只有让人的因素发挥到极点，才能实现真正意义上的伟大人生，只有让人发展到顶点，或理想状态，才能获得在利益、收获和精神上的满足，进而产生强烈的对他人、对社会的幸福感。当幸福降临时，人生就变得稳定，心理和生理处于一种不断感知，不断优化的状态。最终，使自身因素强大起来，使社会对自己产生深刻而长远的益处。

只有将一个人的人性的一面放在突出位置，才能表现出精神、力量和进步；只有将发展的力量放大，才能具备享受美好生活的条件。在此情形之下，一个需要雕琢和酝酿的人生和社会才是完美的。当社会成员失去人性的一面时，社会就会显得浮躁，甚至会失去本能的生存意识。这是极其危险的。不可否认，发展是个人成功和社会进步的必然产物。而发展也是一种人性和社会本能的反应。社会缺少人性化的一面，发展也只是盲目的，无法长久持续的。因此，社会发展能给人们带来的幸福，与发展滞后的繁荣、稳定的幸福，完全是两个概念。

在此情况之下，人们需要对他人、社会不断认识，对心灵不断调整和美化，使思想不断进步。这都是社会发展之后的表现，稳定的社会往往是发展的最高阶段。它能让人始终处于幸福状态。因此，无论社会发展到什么程度，无论心灵强大到什么程度，人的本能，或者说一种人性美始终不能失去。

以上情况已告诉人们，真正的进步是一种本能的进步，是一种对个人发展、社会进步的强烈刺激，甚至是渴望享受的表现。当人人都有自己的工作，并创造精神和所需生活资料时，享受就变成一种常态。随之而来的，是心灵的完善，以及高尚精神的塑造。在此情况之下，人人可以获得满足和最大程度的自信、自得、自立。

无论是什么样的社会，进入21世纪之后，都已将理想设定出来。当一个个理想的社会被塑造出来之后，最需要解决的，便是塑造个人心灵世界。在社会上，获得知识永远是高尚的，获得成功永远是诱人的，获得他人和社会的尊重永远是无与伦比的。物质世界已在一个爆炸的环境中增长，精神世界往往难以被发觉。在此情况之下，人人渴望获得新知识，成就对社会的创造梦想。于是，真正有意义的生活才能实现，才能让人们始终处于幸福之中。

社会在进步，人们已获得强大的物质生活，并能受用一生。但是，物质爆炸之后，还有什么能让人的心灵世界处于一种绝对完美的状态呢？事实上，享受生活已是一件很简单的事，而收获成功，使人获得一种更高尚、更有成就感的生活，并始终保持精神上的满足，那就只有塑造另一种心灵。社会越来越进步，而人生却越来越渺小。当它们不成比例时，矛盾便会出现，使得人生变形，使得社会失去本来的健康环境。因此，个人的发展紧紧地捆绑在社会之上，带有强大的集体意识。个人发挥作用，集体和社会便主动发展，进而获得一种更高层面的精神享受。

　　心灵进步，就意味着生理的健康，以及对社会的无形影响。在此情况之下，一种更高标准，带有强烈人生价值和意识的社会才能继续发展。同时，社会的进步，往往需要个人心灵世界的发展。两者相辅相成，才有真正意义上的幸福社会。因此，社会进步的同时，需要个人的发展进步，并保持同样的步调。这样，社会才能完美，人生才能处于相对的稳定和安全之中。

　　今天，发展的社会都是有力量的，但真正的社会进步，是个人心灵的强大，并与社会同步，形成一种总体上的发展与互动。这才是一个理想的幸福社会。

第二节
持久幸福力——平常心

平常心是什么？在很多人眼中，它就是一种让心灵回归自然、自由和自信的高级形式。当一个人获得生活和工作中的平常心时，那他的人生和事业将非常成功。在过去很长一段时间内，金钱左右了人们的人生道路。起码，在金钱的作用之下，人们越来越渴望获得理想的生活，渴望获得不一般的心理体验。

现实中，获得成功、声誉和尊重的方式是不断地向前发展，不断地让人产生激情，进而获得现实与精神世界的双重财富。最终，个人的生活稳定下来，事业蒸蒸日上，心灵变得越来越稳定、和谐。从此角度来看，收获就是一种幸福。问题是，当幸福降临时，如何能将它紧紧地掌握在手中，或者说，将幸福保持住。

这就需要一种建立在成功、声誉和尊重之上的感知，它就是平常心。

一个人获得一次成功时，便产生对声誉的追求，对事业的激情，并在心灵上保持自信、亢奋状态。在此情形之下，才真正实现了人生意义的最大化。但是，如果一个人能在两次、三次，甚至是更多次成功之后，依然保持激情，是很不容易的，甚至是不可能的。在人们心中，激情永远是一次性的，或者说，新鲜感失去之后，激情便会失去。在此时，激情让人的心灵变得更充实、更有规律，并始终保持在一个专业的、有限的范围内发展。

激情是难能可贵的，但它不能被掌握，不能形成真正的精神价值，而只是一种促进人感性发展，并越来越快发展的动力。这些动力在内心是游离的，无法稳定下来。虽然它能为人们带来更便捷的成功、更辉煌的事业和更耀眼的荣誉，并让人产生一定的幸福心理。但激情本身无法让人的心灵处于最优化状态。激情被激发一次、两次和三次，甚至是更多次时，它最本能的意义便消失了，人们体验到的激情已失去意义。此时，一种更稳定、更客观、更科学的外界认知必然会产生。因为，一生保持激情是绝不可能的，只有将激情之后的清醒认识放在第一位，才能让人获得一种持久的积极心态。

当人激情四射时，效率也会提高；当人的心全部倾泻在事业上时，激情同样能发挥一定作用。这就说明，激情往往是一种动力。此时，人们一般都选择对世界的客观认识，选择对心灵进行自然而平静地变动。在此情况之下，平常心应运而生。平常心就是一种接近饱和的心灵状态，使人们对世界产生深刻认识，对心灵产生冷漠感和变化，以及充分理解道理哲理之后的产物。

在此情况之下，面对外界对自身心灵和躯体的刺激，人们也会淡淡一笑，不置可否。对于事业来说，成熟的人总是喜欢平常心。因此，这可以让一切按部就班地进行，会让自己的工作对未来产生最平常的影响。此时，真正意义上的人生和事业才会升华。最终让人获得持久的、稳定的幸福感受。

只有让个人的成功、发展和进步发挥到一种理想状态时，才能谈得上平常心。平常心是一种对世界、社会和他人产生强烈认识和接近自由，并创造自身认知的最终结果。当世界还处于一种优化状态时，人们往往不能保持平常心。因为，金钱、思想和社会始终在一个杂乱无章的环境中，需要人们的认真辨认，需要人们不断地提升自己，需要人们用激情来创造属于自己的东西。在此情况之下，才能看到一个真实的，接近理想化的认识。

发展就意味着不断地解决问题，并在问题中寻找一种相对的安定，甚至是幸福。事实上，这些都不是真正意义上的幸福。真正的幸福需要稳定的环境，需要个人心灵无限伸张。当这些都能成为常态时，才能谈得到平常心，才能让人们抵御外界给自己带来的一切影响，甚至是促进自身发展的影响。因为，独立的人往往是一个健全的人。人在发展之后，需要发挥个人作用，使其始终处于一种稳定状态，形成自己在生活与事业上的个人标准。

这就需要人们在心理上进行"一而再，再而三"的调整，最终找到一套理想的心理系统。也就是说，只有心理与社会、集体和他人之间时刻处于一种稳定和谐的状态，才能获得一种不变的幸福感受。当这一切都成熟时，才能实现真正的幸福人生。在此过程中，必然会出现一种心理现象，那就是对外界事物，产生一种淡漠、自立和简单的平常心。

其实，平常心是建立在深厚的知识、文化和能力之上的。当一个人产生平常心时，就意味着他的知识、文化和能力已达到完美状态。因此，平常心是一种生活态度和事业态度的最高级反应。而平常心有时会被人们误解，认为平常心会使人失去进步的力量，会让人失去最起码的生存意识。

当人们重视平常心，并渴望从中有所收获，并为自己的发展带来好处，就必须以学习的心态，心平气和地研究，进而使自己终身受益。实现此过程,需要一种平常心做后盾。否则,此过程便会产生一定的或有限的错误,使人无法实现人生意义的升华,无法获得最大利益。

只有用心感受,并在心灵上产生强烈意识的人,才是一个工作和事业上的强者。强者的外表总是很强大,但在其内心,他们都有一个共同的特点,那就是始终保持平常心。在此作用之下,才能谈得到对生活、对事业,甚至是对幸福的领悟。要想获得幸福生活,就必须拥有领悟力量。当人的一生始终在领悟,并发展进步时,那人生就会越来越幸福。相反,人们只能通过知识、能力说话,并不能获得直接有效的幸福生活。

平常心就是发展之后最有文化色彩的事物。当社会发展到一种理想状态,或被认为是理想状态时,人们便渴望获得幸福。幸福生活是简单生活的复杂化、艺术化。只有让心灵对世界、社会产生持久而深刻的认识,并产生文化色彩,才能让人生催生出幸福来。在此情况之下,越来越多的人渴望平常心,渴望获得人生中最光辉、最完美的生活——幸福生活。

平常心就是一个用心说话,用身体做事的态度。当人们拥有平常心时,总是渴望能获得心灵上的满足,并不断优化,取长补短。外界并无什么事物能左右自己,只有用心说话,才能赢得他人的好感;只有用心做事,才能实现一种理想化的平常心。一切都用按部就班的方式提升自己,并让内心产生更多的领悟、感受和平和。在此情况之下,人们会实现幸福人生,形成越来越强大的心理和一个完美的人生。

现在我们能得出一个结论,保持平常心的人能获得持久的幸福。幸福是一种对生活、工作和事业,甚至是对生命的正确理解,进而让身心处于最优状态。个人得到充分发展,社会才能得到真正意义上的有效发展。社会的有效发展，同样让个人处于一种不断地进步和简单之中。在此情况之下，社会才会是幸福社会，个人才会是一个幸福的人。

平常心的最大障碍是心理不规律。只有通过对世界、社会和他人的正确认识，才能产生心理上的反应，进而为心理规律带来发展的契机。心理规律渐渐成熟时，平常心便会产生，甚至是情理上的认同和自我解放。这就需要一种接近完美的平常心。它需要让人们忘记不好的东西，以及对自身发展有益的东西。

平常心能给人们带来幸福，能给社会、集体和他人带来持久的幸福。越来越多的人在寻找幸福的道路上成功实现了理想。真正意义上的幸福就是在平常心作用之下的生活和事业理解力，并在内心深处产生持久的、有效的和进步的力量。

第三节
由内而外才是真的美

精神面貌往往能说明一个人的品行的好坏、知识的多少和能力的大小。在此情形之下,才能谈得上心灵美。越来越多的人认为,精神面貌的好坏,直接传递出让人敬仰、羡慕和尊重。在人的一生中,最值得珍惜的是精神财富,最值得拥有的是物质财富。只有充分获得这两种财富,才能获得精神上的满足感。

今天,越来越多的人追求一种理想的幸福生活。在此背景之下,人们喜欢享受,渴望获得他人得不到并让自己受用一生的精神财富。只有让人的因素发挥作用,才能形成真正的社会关系,才能实现人与人之间的心灵碰撞。心灵的美化,会让人产生由内而外的情感。它往往需要人们对世界的科学认识,对他人的关爱和对自身心灵的净化。越来越多的人认为,获得幸福,就是获得成功、荣誉和被尊重之后的快乐。因此,更多的人渴望心灵能得到净化,并从内心深处让自己产生由内而外的情感发泄。

当人们的生活在一个可控制的范围内发展时,人们的心理总是缺乏自由发挥的能力，人们往往是按部就班地工作，甚至是生活。而当生活在一个无限变化的环境中发展时，人们往往会在心理上产生对事物的不一样认识，甚至带有鲜明的特点，让自己与他人之间产生强烈的不同。这样，人的就会处于一种相对稳定的状态，不会为他人所左右，不会轻易相信他人的言论，甚至能明辨是非，让自身处于有序状态，产生更大的社会和经济价值。

当一个人的心灵处于优化状态时，最能让人的心灵产生震撼，会产生深刻印记的事物往往非常少，只有不断地经历，不断地总结，不断地发现，并形成自己的认识、想法，最终学习、总结。在此情形之下，才有真正意义上的人生，才有所谓的波澜不惊的生活。当人的一生走向顶点时，便会产生种种对社会、集体和他人的认识。这一切在内心产生作用时，才会真正形成科学表达、认真思维、文字记录，等等。此时，人人都需要一种更伟大的精神，让人们产生由内心发泄出的真正的美。

所谓美，即感官美感和心灵美。感官美往往表现在外表上。有时，一个人打扮得漂漂亮亮，穿着时髦而鲜艳的衣裙，走在大街上，常常会引来注视的目光。一般，这种人追求外表美观、买衣服、做头发、做美容，等等。使得自己鲜活而美丽，加之今天的社会，物质财富、科技力量和精神力量在空前膨胀，让这些爱美人士产生现代意义上的理想生活，并紧随时代潮流。因此，外表美观的人往往能独立实现理想，并过上幸福生活。

心灵美是一种综合性更强的美。它往往从心灵出发，让人的知识、能力和理解力发挥作用，最终使心灵获得一种接近饱和的温和状态。心灵美的人往往将外表美放在第二位。但是，心灵美会促进外表美的形成。更多人热衷于心灵美。只有心灵无限变化了，真正的"美"才能产生，并刺激现实生活，为人们实现客观存在的"美"，做心理上的铺垫。心灵美往往是知识、能力和学识的集合。表现在外表上，就真正实现了心灵与实现的同步，人们更容易对自己敬慕、敬仰和尊重。

就社会层面来说，心灵美往往能让个人的能量无限放大，并产生有效而深刻的社会影响力；就个人而言，感官美是生理的直接作用，并不能以人的思想、知识和能力为转移。因此，这群人往往孤立于社会外，爱慕虚荣，甚至对外表美不能产生科学的认识，即单纯看外表。至于心灵美，它会在一个知识容量、思想宽广度和能力大小的范围内无限伸张，并在内心产生持久的作用，影响现实生活。在此情况之下，外表才会渐渐产生变化，向心灵理想的方向变化。最终形成内心与外表的不同发展，即什么样的心态，保持什么样的外表。

在此情况之下，感官美的人只是得到一种单一的享受，即获得他人的赞扬，并发出一种对"美"的认可。现实中，随着社会的发展，文明的进步，单纯的"美"并不能适应社会的定位。在社会中，人人需要参与，人人需要索取，这就意味个人不是孤立的，需要与一群人互帮互助，形成成熟的生存空间。至于"美"，需要在价值之上谈论，即"美"无法创造社会价值时，人们不会承认。起码，人们不会在现实中承认。所谓单纯的"美"，只是一种对人类文明的发展，并提升审视意识和发展能力的人类特征。当它不能产生欣悦、自然恬美和发展动力时，人类依然不会接受所谓的单纯的"美"。

单纯的"美"只是对人产生感官上的刺激，并让人亲近，产生交流欲望，甚至是占有。就社会而论，单纯的"美"无法存在，甚至无法生存。在一个高度文明的社会里，要想实现"美"的生存，并让人产生敬慕、交流和分享的欲望，就必须拥有能力。如果极具美感的人，生活在人群中，受人敬慕，并让人产生交流的情绪。但是，如果他缺乏足够的知识和认知能力，交流就会变得困难，甚至缺乏社会生存必要的条件。在此情况之下，产生种种不合理的矛盾，最终将一切完美的东西破坏。

心灵美，则是一种对社会，对生活，尤其是对很多感受的深刻认识。发现、认识、总结、形成知识的过程，就是加工心灵美的过程。只有心灵美丽，并能表现到外表上，才能让人产生对外表的愉悦，最终美化外表。今天，心灵美更适合社会的要求。当人们还在追求生存空间时，"美"无法提及；当人们还在追求物质世界的发展时，"美"便是一种单纯的"美"，直接表现在感官上；当人们开始追求永恒而不变的理想时，"美"就变成一种更自然、更贴近心灵、更能代表社会性质的"美"。它紧紧地与社会、集体和他人联系在一起，并发挥越来越重要的社会作用。

"美"不能让人获得幸福。但是，今天有所不同，在社会上，很多人往往在寻找幸福的同时拥有美丽，或者是获得幸福之后才获得美丽。在此情况之下，"美"有时是单纯的。单纯就意味着独立、自由和放任。只有将这种"美"与现实结合，形成拥有社会价值和人生价值的"美"，才是现代的单纯"美"。单纯的美被放入社会内，并产生影响力，形成社会和人生价值。这就是单纯"美"在现代生活中的定位。

幸福的人往往追求一切美好的东西，"美"当然是必不可少的一部分。"美"是外表的文明诠释，"美"是一切精神、思想和能力发展到极点的外在表现。当一个人的知识、能力和认知足够强大时，便很容易追求理想而幸福的人生。在此情况之下，要想时刻保持积极向上，甚至是进步的心态，就必须强化心灵对"美"的承受能力。当一切好与不好的东西都在自己心中融化，被理解，并形成知识时，真正意义上的"美"便会产生，并让人从内心到外表产生稳定、持久的"美"与幸福的享受。

　　人们现在能发现，心灵美是一种社会层面上的美。它需要人们建立一种对社会、生活、知识和心灵的科学认识，进而表现在外表上，让越来越多的人发现，并产生更深刻的认识。只有让人们心灵美丽，才有一种接近完美的人生。由内而外地表现时，人们的社会魅力和个人精神品质，都会得到升华。只要生命在一个有限的空间和无限的时间里，那它便能使人们产生对美好的追求，其中，就有"美"的因素。

　　由内而外才是真正的美。它不但能让人产生愉悦心情，更能让人产生对现实世界积极上进的情绪。更充实、更自在的人生往往就是"美"带来的。但"美"能让人获得幸福吗？就今天的社会来说，人们需要知识、能力和认知来解决自己的问题。只有通过大量实践，才能产生对各种事物的认识，并对"美"产生全新的认识。可能，社会需要有价值的人，一切行为都与价值捆绑在一起。至于"美"，也不例外，当"美"能创造价值，并推动个人事业发展，为社会带来益处时，才是真正的美，才是社会层面上的美，才是由内而外的美。

第四节
成功路窄个人心宽

在困难时，人们常常说，"天无绝人之路"。这句话不但能帮助人们在困难面前解脱，更能让人们成为生活的主宰。很多人认为，人活在世上，最基本的生存能力就是适应环境。今天，当人们越来越不愿意适应环境，而单纯地选择自身发展，并用知识、能力和认知来为自己事业铺展道路时，"适应环境"变得不再重要。因为，适应是一种精神力量，而真正的知识、能力和认知却可以改变它。在此基础之上，才有一种不需要装点、不需要过多文化性的东西。现在，又有一个问题摆在我们眼前，那就是在不需要"适应"因素的成功路上，是否每个人都能获得成功，是否每个人都能过上满足、充实和幸福的生活。

随着知识、能力的增长和认知程度的不断加深，越来越多的人认为，成功的道路不但没有拓宽，反而变得越来越窄。就现实生活来说，更多的人选择按部就班地工作，却不愿意成就真正的事业，也许，这就是社会的特点。它需要一个群体说话的氛围，需要一群人实现一个成功梦想。就个人来说,这是一种不幸的讯号。因为,只要人生还在继续,那所谓的成功路就必须成为生活中不可缺少的真实存在。这样,个人才能得到发展,心灵才会得到净化。事实上,社会关系越来越复杂,人际交往越来越频繁,心灵上的冲击越来越大,这就容易让人实现梦想。但是,这种成功不是真正意义上的成功,而是一种对集体、组织、社会的严重依赖,在此基础之上,才实现了所谓的成功,必然会导致对人生意义的错误认识,甚至裹足不前。

生命中最本能、最透彻的伟大情感和能发挥自己所有知识、能力和认知的成功,却是一种十分难以获得的成功。在今天,社会上存在两种现象,一是通过种种努力,严重依赖人际、集体或组织而实现成功;二是按部就班地工作,始终渴望成功,却永远也无法实现。前者主要是对现实本能生存的一种否定,进而影响到更高意义上的成功。在此情况之下,当一个人在社会上充分发展,并在工作和事业中充分竞争,必然会形成一套自己的认识,并对成功的态度、心理和认知产生自我的、正确的意识。最终才通过一切自身因素,实现了人生的腾飞和事业的成就。就今天来说,获得真正意义上成功的人越来越少。传统意义上的成功路虽然宽广,但也受到社会发展和知识进步的挑战。

后者是一种渴望获得成功的人群,并对成功产生正确认识,但途径却是错误的心理作用。表面上,这群人渴望通过自身努力,实现精神和现实的双丰收,并对自己一生产生积极影响。但是,另一种问题出来了,随着社会大环境的发展,按部就班者总是用错误的方法来实践成功梦。往往表现在还未开始,就渴望他人对自己赞扬;稍有成就感时,便渴望集体或社会给自己过分的享受资料;获得成功时,过度重视人际关系、组织能动性和社会参与意识,进而使成功者停留在对世界的错误认识和对成就感的错误解释上。

以上两种人大有人在。它们有共同的特点，那就是获得成功的同时，渴望无条件获得更多的物质和精神享受。因此，渴望获得成功的人往往不能真正体味成功的真谛，无法形成精神世界的自我满足和最大满足。面对一种错误，或更多客观条件时，能真正理智面对，甚至是获得真正意义上的成功的人极少。

成功路是窄的，人们应如何获得成功呢？就目前社会来说，成功者能获得精神与现实两方面最大成功感的，极为少见。成功之后，人们往往淡泊声望和金钱，甚至，还渴望自己不成功。而未成功者，则渴望自己一生奋斗、勤勉，让自己成为一种对社会有贡献的人才。无论是成功与不成功者，他们都有一个特点，那就是过分接受集体、组织的力量，甚至是严重依赖，使自身发展受到挑战，对自身的人生观、幸福观产生错误认识。在此基础之上，人生意义得不到放大，使心灵世界处于一种无法产生发展动力，甚至是积极进取的状态。对于一个社会来说，只有发挥更多本能，并在事业上奋斗、成就，才能实现人生意义最大化。否则，社会将处于一种深层次的恐慌之中，个人变得越来越麻木，缺乏本能的责任感，等等。因此，错误的成就观的出现，必然会影响人们对幸福社会的理解和憧憬。

从以上内容中，我们能看出，真正意义上的成功是社会良性循环的结果。更重要的是，一个不断优化的社会，人才会越来越多，个人心灵也会越来越独立、发展和进步，并产生积极向上的力量。在此背景之下，才有真正的幸福生活。面对成功，越来越多的人产生淡漠的想法。但是事实上，它被捆绑在社会发展中，并不断地突破，渴望获得成功。现实中，成功只能降临在少数人头上。所以，追求成功时，或是面对追求成功后的失败时，人需要放宽心，并对成功和梦想产生科学认识。更重要的是，需要在精神上为本能的人生带来荣誉、理想和进步。

成功路是一条通向天堂的狭窄小径，人们可以一路走，一路览视风景。当时间越来越长时，只有人们的心灵变得强大，并膨胀时，才能走向成功路的尽头。在此情况之下，才能实现成功。因此，当人们的心灵变得强大时，成功梦就变得强大，人生意义就变得强大。在此基础之上，人们的一切行为都产生了深刻变化，进而，对自己、他人和社会产生积极向上的影响。能走完成功路的人，往往是不一般的人，但是，如果凭借他人的力量，或不能独立完成成功梦，那么之后的人生将非常糟糕。

　　在成功路上，越来越多的人倒下，只因缺少那份执着和坚韧不拔。但走在成功路上，只要放宽心，成功就会变成一个美丽的梦想。即使不能成就，同样是心底最美好的记忆。有人说，成功者是心灵上不断发展、变化并产生稳定持久的动力的人。在此基础之上，人生才会升华，更会让人产生对社会的一切认识。

　　只有让个人心宽，才会有一种对生命的理解，才会有一种对现实的认识。两者结合，便会让人的事业蒸蒸日上，让人的思想变得丰富多彩，越来越强大。生活中，最能表达的人情就是人的声望。面对一种挑战，人们往往需要两种，或更多种从心灵理解层面的解决和选择。这样，内心就变得宽敞，工作与事业就变得越来越有动力。从更深层次理解，成功的理想已成为伟大的思想，并对自身、社会产生更多影响。

　　一个人的心灵变得丰富多彩时，成功就是一个理想，并让人不断地奋斗下去，有人成功，有人失败。但有一点不变，那就是追求精神不变。这种追求能给人带来幸福吗？事实上，我们要深入了解。

　　成功者能获得成功，是因为他的心是窄的；失败者之所以会在失败中快乐，是因为他的心是宽的。因此，两者都能获得幸福和幸福感。就前者而言在，成功者的幸福人生往往是由集体或组织诠释的，带有强烈的集体性质。成功时，让集体一起享受，并让自己身心愉悦，进而获得幸福。失败者往往通过自我解脱来获得人生意义上的满足感，是完全自发的、个人的行为。因此，它带有强烈的主观色彩，而获得幸福的程度却非常之深。主要表现在自我心态调整，对现实社会深刻而独到的见解，以及在人生发展中产生无穷情感力量。就前两点而论，这是失败者将知识、能力和素质运用到成熟阶段的必然表现。至于第三点，完全是把心放宽的表现。当失败时，人们往往不渴望获得其他社会条件，而是设置谨慎的、理想的目标，继续向前攀登。而失败给自己带来的情感力量，让人们在面对高峰和低谷时，都能游刃有余。

因此，失败者更能让自身心灵强大，并保持丰富的情感。成功路是窄的，对于成功本身，却带有某种主观性，让人任意定位成功，使人们或多或少都有成功的感受。但是，心灵是宽敞的，失败时，人们只能凭借豁达、宽容来实现下一次目标。

如果要实现目标，就必须将心灵放大，进而实现更大的理想。当理想实现时，或失去理想时，人们依然能保持幸福，那人生就会变得更有意义。

第九章
用心生活

第一节
细节决定幸福程度

真正的人生，需要细致发现生活。如果能细心地发现一些事物，并能通过认知让自己的心灵始终处于最佳状态，那人生就会变得有意义。在此基础之上，才有真正的幸福人生。只有当幸福成为一种更高层次的人生享受时，幸福才显得更可贵。而这一切应该怎么得到呢？这是人们必须认真思考的问题。

首先，细节是对待一切事物的发现过程。在人生中，成功者往往都是细节的发现者。在工作中，一切行为的有效实现都需要一种细致入微的发现。只有发现问题，并能细化成大脑中的思维，形成成熟的认识，通过外界的帮助、刺激，以及知识的运用，才能成功解决问题。这一过程的每个环节都需要一个至关重要的因素，那就是细心发现，寻找蛛丝马迹，有条不紊地进行。品质生活总是需要一种更现实，更细心的发现。只有这样，生活质量和工作效率才能得到提升、优化。最终，形成一种成熟的，有效的幸福人生。

只有当细节做得到位，才能谈得上对生活状态和工作问题的解决，才能谈得上人生意义。越来越多的人认为，真正有意义的人生是心理发现、总结、思考、获得解决问题的途径、行动，最后收获成功，实现事业上的满足、心灵的升华，并产生愉悦。因此，细节对生活中一切行为都会产生影响。所谓的"发现"，就是用视觉、听觉和思考来实现对问题的发现、解决。如果渴望提升效率，做到事半功倍，就必须认真研究，发现其中变化，并能有意识地解决问题，最终形成真正的收获，赢得心灵与外界的平衡，产生心理反应，为幸福的到来做现实铺垫。在此基础之上，细节往往能让人产生心灵上的升华，对现实的追求与满足，并使人产生认识世界、关爱他人和社会发展等因素，给自己带来稳定、持久的幸福。

其次，细节是形成成功的基础因素。现实中，随着社会的发展，人人都需要大量知识，并渴望形成更高层次的能力。在此情形之下，人才往往需要认真领会知识，并做大量实践、运用和总结，最终实现能力的提升。但是，这一过程需要正确认识一切知识和事物，需要对心灵应变能力的考量。在此过程中，细节依然是至关重要的因素。当一个个粗糙的现实和现象被发现时，需要运用知识和理解力来将它融入自身生活中，并产生强烈的心理共鸣。最终，形成自己对世界、社会和他人的认识，成功创造出属于自己的能力来。所谓的发现、运用、解决和总结，都需要一个条件的存在，那就是细节。只有让细节成为提升工作效率的重要因素，才能实现事业成功和人生理想。

在此情况之下，一个完美的人生才会出现。如果做低端职业的人，或市场边缘行业的营销行业的人，通过自身努力，能获得一些成功，但如果不积极进取，攀登高峰，一样会走向失败、绝望，甚至是灭亡。其主要原因就是不细心发现，并失去学习的本能，让知识成为垃圾堆上的废品，并自以为是，认为自己已经成功。这种人犯的错误是不讲究细节，始终沉浸在主观认识之中，指手画脚，无所事事。

正是这样，才导致这种人不爱发现，想入非非地认为自己能解决一切问题。事实上，知识和能力的缺少，甚至是细节的难以捕捉，让这种人自私、自大、自负。由此可见，细节能让人走向成功；相反，人们只能自认为成功，而在现实中只是无所事事，一文不值。成功就意味着对问题的解决，解决问题的能力，用方法解决问题和对成功的科学认识。在此过程中，依然不可缺少对现实与心灵世界的发现。只有发现到极致，才能形成真正的细节。在此情况之下，有意义的人生才会到来，实现一种接近完美理想的人生状态，实现生活幸福。

最后，细节能显示一个人的工作态度。现实工作中，只要能认真工作，并获得成功者，一般都有丰富的知识，超群的能力。在此情况之下，才有真正意义上的成功。但是，还有一种客观因素时刻左右着人们的成功，那就是细节。只有细心的人才能发现细节。此时，人生就被放入一个更容易控制的范围。越来越多的人认为，真正的生活和事业，就是发现新事物，并让自己的一切背景处于稳定状态。

从以上情况来看，越想获得幸福人生的人，往往就越需要细节的作用。对于人生来说，它总是在人们最不能发现它时出现。只有细心发现，认真思考、总结，形成自己成熟的想法，才能解决问题。当这一切条件具备时，人生和事业才会升华，并为未来的成功铺设一条光明大道。

细节是一种被发现的状态。在这其中，更多的人渴望获得成功，用细节将自己的心灵带入一个理想的环境中。只有让人的因素发展到一个高点上，才能实现真正意义上的伟大理想，才能实现一种对他人、集体和社会的关爱。在此基础之上，才能实现真正的幸福人生。

对于一个人来说，真正的人生是收获成功并享受成功之后的人生意义。当这一切都发展到理想阶段时，人生的意义就放大，并在个人和社会两方面产生影响。细节的发现，就是一条通向成功的道路。当人们不断地发现细节，并让细节成为解决问题的部分要素时，人生的真正意义就会出现，即对成功的收获，对成功的认识，以及由此而对个人和社会产生关爱，等等。

细节决定幸福程度。这已是一个不可辩驳的事实。就生活而论，越能发现细节，生活往往越有滋味；工作方面，越能发现细节，人的效率越高，并在内心产生强烈上进心和积极进取精神。也就是说，当生活和工作拥有细节时，一切问题都会迎刃而解，对人生产生深远影响，并让人们重新认识一切烦恼、痛苦和灰暗。这些条件都成熟时，人们便会获得幸福，影响自己一生。

更多人认为，实现幸福人生，就是对生活和工作的双面协调，并从中发现细节，发现问题和不合理的分布，最终一个个地解决。这就是一条通向幸福的通道。细节决定人一生能做多少工作，给社会带来多大贡献，以及给自己的精神世界带来多少幸福。在此情况之下，细节可决定人生的走向。虽然它只是简单的，但却能发挥至关重要的作用。一次细节的发现，让人产生对生活的无限憧憬；两次细节的发现，让人产生强大的能力；三次细节的发现，可改变人们的生活和在工作中的认识，甚至改变人生方向。在此情况之下，才有真正意义上的人生，才能说得上幸福生活。

细节贯穿在解决每件事情的过程中。事情的解决，需要一种科学的态度，当这种态度变得越来越不深刻时，做事和解决问题的方式就要转变。在此情况之下，认真发展，掌握细节，往往能让人产生对一切事物的新认识，并形成自己解决问题的方法。因此，我们可以说，细节决定一个人的成功大小。正所谓，小细节能成就小成功；大细节能成就大成功。同时，细节也能让人获得幸福。当细节被人发现时，人们在心理上就能产生反应，并作用在工作中，进而为人们获得真正意义上的幸福生活而提供前提条件。

在人的一生中，如果能将细节放在生活和事业的首要位置，那人们解决问题的效率会更高。在此基础之上，才能实现真正意义上的理想生活、成功事业。效率上升，就意味着能力的激增、心灵的足够强大和对幸福的科学认识。细节被发现，并让人产生对生活和事业的新认识，不断地突破，不断地发展，进而形成一种更深层次的心理反应，实现真正意义的幸福生活。

人生在不断地发酵，只能用一个心情品味它，那人生将失去本来的意义；用多种心情品味，并塑造它，人生才有真实的意义。当世界变得复杂，心灵足够强大时，真正的"细节发现"就必须发挥作用。当细节成为生活主要因素时，效率就会提升，成功概率就会上升。进而让人实现幸福理想，并为他人和社会做出巨大贡献。这一切，都需要一种更科学、更合理的人生发展，更进步的、更积极向上的知识和更勤奋、更吃苦的精神来实现成功理想。进而获得稳定的、持久的幸福生活。

第二节
成熟就是本钱

对于青年人来说，越想体会到生活的意义，就越需要成熟。成熟意味着一个人精神复杂，能力超群，阅历丰富。在此情况之下，才有真正的幸福生活。只有当人们的心灵处于一种高度的发展中，并形成成熟的思维和生活，以及工作态度，人生才能收获理想的价值和意义。当人们能在复杂的社会环境中立于不败之地，在复杂的阅历中寻找心灵上的发展规律。这样，才能获得真正意义上的幸福生活。

有人说，成熟是一种对人生的高度理解，是个人与社会发展相结合的产物，是心灵修为的一种境界。在此过程中，人生不断地发酵，生命不断地燃烧，形成高度文明，且有人生价值的成熟生活。当这一切具备时，幸福就会产生。因为，能获得幸福是一种对成熟的深层次理解，是对人生意义与社会意义的双向发展和集合。所以成熟就是一个人获得幸福生活，甚至是伟大意义的全部。现在，人们如何才能获得幸福呢？事实上，问题依然要落在对"成熟"的发展和理解上,并让人一生受用。

首先,成熟是一种对人生和社会高度理解的产物。一个人进入社会之前,往往对社会产生种种不理性的认识,往往认为社会就是一个不断获得成功,并在失望和失败中不断调整自己,让自己最终收获成功的过程。甚至有人认为,只要自己有知识,就能适应社会的高速发展。事实上,知识是工作中必不可少的一部分,而工作是人生意义升华的必要手段。在此情况之下,通过知识成就生活梦想和工作理想,往往需要一个科学的思维。当知识停留在知识层面,能力就很难产生;当知识停留在对人生的自我认同,对工作的有限理解时,人们在事业上就很难成功。在此情况之下,更多的人愿意看到一种复杂的工作状态,更愿意看到一种对人生产生全方位影响的知识和能力。当知识不能产生能力、激情和正确认知时,一个人的人生将很难有所作为。能力是工作中最突出的部分,只有让人生强大起来,才有真正的工作和事业。

这其中,就需要知识发展、发挥,并得到一切属于自身和社会需要的事物。今天,知识对人们来说,越来越丰富,越来越经典。但是,一味地追求知识,并不能将知识发展成为一种必要的能力和对社会的贡献,那知识将很难成为社会的知识,个人很难成为一个社会人。在此情况之下,最伟大的精神,即知识创造能力,否则事业成就的理想就很难实现。因此,知识不能停留在知识本身,它需要一种人生阅历,对社会发展和个人前途以及工作能力的运用、理解和认识。当这一切具备时,知识才有真正的意义,并被人们称为一切美好和幸福。

其次,成熟是一种为自身带来强大心理的状态。在社会上,只有人们渴望获得幸福人生,渴望将人生的意义不断放大,成熟的心理现象就会产生。当一个人的知识储备足够丰富时,阅历足够强大时，能力足够突出时，就需要产生一种深刻的观感认识，并有意无意地铭刻在自己的身心之上，将个人的能力、人际和事业推向一个成熟的阶段。此时，心理强大了起来，而人生却在用它不一般的情怀述说着一种稳定、自然和持久的发展之声。

当人生发展到高度阶段时，成熟必然产生，让人产生对人生价值、社会意义和未来展望的高度科学化。在此情况之下，人们才有真正意义上的事业和成功。因此，成熟就是一个更深刻的对个人和社会的理解，并产生强烈的心理反应，最终实现按部就班、兢兢业业的生活和工作态度。

心理足够强大，才能实现人生意义上的强大，才能实现工作能力的提升，生活和事业都在成熟中发展，一切事物和光华的人生都会实现伟大的飞跃。在这种情况之下，才有一种对生活和工作的正确理解。强大就意味着一切能力和社会态度的成熟。进而，在内心深处，甚至是在社会表面产生一种更强大的心理认识。因此，成熟就是对一切成就的产生过程。当成熟心理变得不再为外界所牵制和变化时，真正的成熟人生便产生了。每个人都渴望成功，渴望获得人生意义上的再升华。当这一切已发展到高级阶段时，完美而幸福的人生便会产生。

第三，成熟就是本钱。有人说，有能力就是本钱。事实上，能力是一种必要的发展因素，知识也是一种发展因素。当一个人的发展和事业竞争达到高级阶段时，不断收获成功的人往往能获得一种成熟人生。这就意味着，成功是一种对事业的理解，而成熟却是对生活和事业的一种稳定反应。在这种情况之下，更能发挥，并持久发展的，是成熟的人。他们不强调激情，不重视过分的人际关系，一切都在恰到好处的范围内，并让人的心理产生持久的在生活与事业上的幸福。因此，成熟就是人一生的本钱。这主要表现在对世界的认识，对社会的贡献和人格思想的无可辩驳上。当人生得到升华之后，人们不得不选择成熟自己的事业和心理。

没有成熟，就没有一心一意的工作态度。这就告诉人们，只有向社会无限贡献和有限索取，并形成稳定、持久的状态时，人生才是成熟的，并保持自身的地位，被他人尊重、关怀。在此情况之下，才有一种上升到社会层面的对幸福的理解。真正意义上的人生，就是成熟而稳健的发展。因此，生命的烈火便不断燃烧，收获一种或各种完美的生存和发展利益。就青年人来说，收获这种利益非常之难。因为，他们缺少对社会的理解，缺少磨砺，甚至在心理上带有种种感性认识，影响自己对社会、生活和事业的科学理解，无法产生持久的心理享受。

以上内容都说明：成熟的人往往需要一种对一切事物的理解，并形成自身对外界的相对独立，并将个人感情以及对外界的感性认识放在一边。始终以自身的发展中心，让外界对自己的认识产生不在意的状态，但却深深影响着自身的生活和工作。这就是"成熟"，成熟不缺少感性、知识和能力。但是，一个需要参与的社会，外界对自己的刺激越来越强烈，这就更需要人们产生成熟思想和状态。越成熟，就越能抵御外界的入侵；越成熟，就越能表现出对社会和事业的科学理解。成熟就意味着表达能力的强大，能力的相对弱小和思想的绝对成熟。在此情况之下，才能实现人生意义上的无限扩大，才能实现道理的回归，才能实现创造知识、成就事业的理想。

成熟的人更能获得心理上的理想状态和生活状态。只有将心理发展到最成熟阶段时，事业上就会产生变化，并将个人利益最大化。个人利益最大化之后，才有真正的幸福。成熟是一种综合的个人表现，它涉及社会、知识、能力以及交际。在此基础之上，才有真正的幸福人生。当然，一个人能获得完美的人生，就必须走向心理成熟。此后，才能谈得到生活成熟和事业成功。

今天，一个人的真正幸福往往表现在生活的美满、工作的成功和事业的发展上。在此情况之下，才能产生一种理想的人生状态。就青年人来说，它是最重要的部分，因为，他们在心理上不强大、不稳定，不能产生感情能量的持久发挥。青年人总是喜欢用知识创造价值，而且（包括成熟的青年人）都是价值产生直接幸福。而成熟者，包括青年的成熟者都在收获一种精神境界上的享受和现实社会层面的享受。在此情况之下，成熟是一种单纯的幸福心理反应。它更带有强烈的人生意义、社会价值和理想思维，等等。

在此情况之下，真正意义上的人生，就是不断地成功、收获，不断地收获成熟。当成熟心理成为一种常态时，成熟者便会产生。当这种人对社会产生深远影响时，才是社会的进步，才是个人人生意义的扩大。因为，只有将人生带入一种成熟状态，才能产生幸福心理，才能产生幸福心理的持续进步、成熟，并稳定下来。

当一个人能获得社会给予的一切，当社会能获得个人的无限贡献时，并使个人知识和能力不断提升，才是一个幸福社会。社会还不成熟时，人们便会产生感性的认识，并表现在外表化的感性意识上；社会成熟时，人们便产生种种成熟思维，并以感性的方式表达在深刻的精神上。

第三节
学习、学习、再学习

站在一个城市的商业区,人们内心便会产生勤奋工作的冲动;站在乡村的田野上,人们内心便会产生对自然的赞叹;站在灯火通明的夜空下,人们内心便会产生对文明的敬仰……在这些情况之下,人们的心理发生变化,产生对文明的联想,对自然的认识,和对社会的敬仰。对一个现代人来说,这是一种知识形成的条件。真正的人才,就是在社会、自然和文明中获得种种心灵上的体验,并产生对社会、自然和文明的不一般认识。

在此情况之下,知识变得越来越重要,心灵升华变成一种必然。有人说,知识是从书本上得到的。这句话本无错误。现实中,要获得知识,就必须学习,在学习中,人们可以获得种种理解能力、思维能力和竞争能力。这都是人们生活质量和工作能力提升的条件。在此基础之上,又能产生知识,享受社会给自己带来的一切。

对于一个青年人来说,只能在学习、社会培训机构和实践中获得知识。前两者,都是常规的学习方式。对于一些青年人来说,这是人生发展必不可少的部分。当青年人积累的知识越来越多,到了足够多时,他们的人生将发生变化。进入社会之后,知识便成为生活满足、工作成功的背景。事实上,生活和工作中必须不断地运用知识,同时,需要将过去的知识转变为新知识,并让人们的心理产生对现实的科学认识。

当知识不再能让人产生生活和工作的动力时,就必须补充新知识。在社会上,一味地追求在学校里学的知识是不可取的。因此,人们往往在工作中,通过种种培训机构,或与工作相关的组织来学习,为自己充电。在此情况之下,才有一种对生活和工作的新动力。越来越多的学习机会,让人们在任何时候、任何环境之下都能产生持久的生活和工作动力。这是一种对人生和对社会发展的延伸,是对心灵世界再塑造,对事业目标成功实现的力量。因此,参加社会性的学习,能让人在生活和工作两方面获得更大的益处。所谓"终生学习",就是终生工作、终生勤勉的保证。

前两种学习目标主要是人的知识、能力和认知储存与应用,知识是学习之后必须和必然出现的结果。如果人们学习或长期学习之后,能获得知识,学习就有意义。相反,学习将变得枯燥、乏味,甚至不能持续学习下去;能力是学习中更重要的环节,学习一段时间之后,人们通过强化思维,获得更多的知识,知识在脑海中印刻,并被不断理解、融化。在生活和工作中,用知识解决现实问题,并形成有效的识辨能力,持久于心灵之中,最后转化为能力。能力往往是一种对现实世界的实践工具,能力是一种有现实世界做基础,精神世界做动力的实践过程。在此情况之下,学习变得更有意义,并让人们的内心和外界产生平衡,形成社会全方位的发展,并成为强者。

认知储存则是一种对学习范围的扩大。当能力形成时,一切外界现象都会对自己内心产生深刻的影响,并形成自己的想法、成熟的思维和产生认知。认知发展到对一切产生科学认识,并正确地完成一个难题、一项任务和一段人生旅途时,认知便可在心理上产生反应,内心形成对认知的理解、接受和储存。此时,认知也转化为一种能力——认知储存。保持认知持久的正确,便能让人产生思想的深度和广度。应用是一种对一切知识的发现、总结、理解和能力的飞跃。只有到应用阶段时,生活和工作才能称得上完美。应用是综合能力,是对认知储存的升华,认知在一个范围内发展时,便会产生对事物的科学理解;当认知在一个无限的范围内发展时,便会产生对事物的感性认识,这就需要认知的储存。当认知在心灵上深深作用时,并让人们产生理解力,那认知就很容易储存,并让人们在有限的社会内、无限发展的人生中,形成对事物的认识、理解、认知,并运用知识,通过能力将事情、难题和工作解决。

后者——"终身学习",则是将学习当成一种习惯,甚至是一种生活方式,无间断地运用到工作中,将学习、生活和工作融合起来,形成三者之间的互助互动式发展。学习属生活的一部分,更是工作的动力。学习能让人变得勤奋、艰苦、坚韧,对生活和工作产生进步性影响。在此情况之下,才有了真正意义上的成功。学习的目标是获得知识,而知识进入心灵时,在理解的基础上形成思维、能力,进而为成功的到来产生力量。

之所以要学习,是因社会在发展、知识在增加和科学在进步。在此情况之下,更多人渴望获得了解社会、生活的能力。最有效的办法,就是学习。当学习成为一种常态时,人们认识和理解社会、个人和精神世界便变得简单。在解决问题、工作难题时,总是能实现最高效率。

学习中,人们总是能将自身的潜能发挥出来,并让事业成功。

真正意义上的人生，表现在个人感情、生活思维和工作能力等方面。还有一种人生的意义，就是通过学习，获得美好而幸福的人生。当人生表现出极强的生命力时，人的一生便有了大好前途；当人生处于成熟期时，人生需要自我提升，不断学习。在学习过程中，不断地发现问题、解决问题，为自己的人生和工作带来益处。在很多人眼里，只有学习能力强，才有称心的工作，才有真正的幸福人生。

又有人认为，学习是一种获得快乐的方式。今天，越来越多的人拥有快乐，但是，快乐的根源是什么呢？其实，就是在别人眼里始终是主角；在生活中永远是积极上进的；在工作上始终保持高标准，并获得成功。在此情况之下，学习是必不可少的因素。当在学习中得到知识时，人们会快乐；当在学习中获得理想的人生，人们会快乐；当在学习中领会不一样的精神世界，并让人越来越进步时，人们会快乐。凡此种种，只有让学习成为人生中的第一位，才是真正有意义的人生。

学习给人们带来知识增长的同时，心理上更愉悦，并产生幸福。知识是最宝贵的精神财富，只有当精神财富积累得足够多时，现实生活和工作才能表现出有生命力和竞争力的一面。为此，更多的人渴望获得一种成功和归属感，并源源不断地从心底流露出来。当学习成为一种常态时，人们的知识就变得越来越多，甚至能让人产生对一切事物的好感。在此情况之下，更多的人认为，在学习中能得到别人的知识，同时也能得到自己需要的知识和自己本身的知识。

这三者之间存在紧密联系。首先，它们都是知识，需要通过学习得到；其次，"知识""自己需要的知识"和"自身的知识"是不同级别的递进关系，一个比一个难度大。在此基础之上，知识成为一种学习、培养和创造的过程。其中，学习是最重要的。因为，学习是一切知识和能力的原动力；培养是一个孕育阶段，带有强烈的发展与进步意味；创造则是一个高级阶段，往往伴随着成熟的思想、稳定的思维和超强的知识储备量。

也许，人生的发展是一个复杂的过程，而复杂中的命运总是让人产生喜怒哀乐，这就构成了一个人的人生。当人生足够成熟，社会足够强大时，知识就成为必需的生存因素。人们一生勤勉，才能得到一种至高无上的成功和收获。只有自身发展，才能带动他人发展，只有他人发展，才能让人们的心灵接受美好的东西，让世界充满阳光。

一次学习，能给人带来心灵上的满足感；两次学习，能给人带来获得知识的快乐；三次学习、更多次学习，能让人产生巨大的心理力量，并为人本身的发展和进步贡献巨大力量。在此情形之下，才有真正意义上的幸福。一切美好的事物都能给人带来快乐，包括学习。只有让人的心灵沉浸在知识的海洋里，生活和事业才显得有色彩；只有让人的生理保持一种平静而稳定的状态，物质生活和理想工作才是最合适的。因此，只要我们能用心学习，并获得心灵上的满足和事业上的成功，一切学习过程和学得的知识都能创造幸福。

只有用一种态度来告诉世人：学习是让人发展、进步，并收获幸福的。这种态度就是学习的名义和创造力。

第四节
能力强大生活才幸福

心理强大的人往往能获得幸福，事实上，心理强大本身就带有幸福因素。主要是，心理强大会给人的精神世界带来直接的刺激，同时，心理强大能给人带来更多的心灵感受，为获得幸福提供必要条件。在此情况之下，真正意义上的幸福被定位为一种更稳定、更持久的表现和储存。表现主要是对外界和生存状态的客观表达、改造和适应等方面；储存则是心理上成熟的高级形式，只有将个人感情、社会认识和客观世界的总结储存在大脑里，才能产生感情，用感性的认知表达。在此基础之上，是强大的知识、大而广的社会理解力，以及对一切知识在心灵上的反应，并产生新知识，等等。

从以上内容能看出，心理强大是心灵收获幸福的源泉。事实上，心理强大的先决条件是能力强大。只有当一个人的生活、工作能力足够强大，才能实现成就自身的成功，收获声誉，获得种种物质和精神财富。在一个人的一生中，寻找理想的生活方式是一个必然现象。在青年时期，人们总是拼命地工作，希望自己能有所成就，能住上比别人更好的房子，甚至能闯出自己的一片天地来。在此基础之上，越来越多的人在工作的道路上收获成就、满足和生活上的幸福。

成就就意味着生活对生命的诠释，就意味着对工作进取。越来越多的人认为，找到理想的生活、成就一番事业的途径多种多样，但不变的就是"能力"。当能力强大起来时，自己的一切都会好起来，一切都会变得更有意义。在人生中，一种精神往往适用于各种工作中，但一个专业只适合一种工作。此时，一个精神与一种专业相结合，便能让人胜任任何一种工作。同时，它们也能产生标准的、专业的"能力"。当能力强大起来时，人们总是能获得现实中的业绩、成功，总能获得精神上的无限享受。在此基础之上，更稳定、更持久的感性反应便在心灵上产生，经过复杂的理解、酝酿和储存，形成自己由理性到感性的升华，让人产生由感性出发但却深刻的见解和新知识。

因此，能力强大是心灵强大的前提。主要因为，能力是一种工作上的技术与技能。能力强大了，工作才能做好，问题才能成功解决。能力往往需要知识、自身精神和工作态度。这三点是对人生意义最有效的表现方式，在人们心中，能力强就会产生对工作的兴趣，对人生的深刻理解，对一切事物产生科学、美好的认识。在此基础上，才能谈得上真正的幸福人生。在现代生活中，最能表现出幸福人生的，主要因素是能力之下的事业成就、荣誉和被尊重，还有知识上的进步、心灵感受上的不断优化和科学理解。

首先，能力决定工作上的一切。只有能力强大起来，工作才能成为一种快乐的行为。也就是说，能力能创造工作上一切积极向上的事物和精神，而工作是生活的主要组成部分，只有当能力在工作中表现得淋漓尽致，才有光明的人生，才能真正享受生活给予自己的一切。越来越多的人认为,能力是人生中最重要的部分,因为能力,工作才能有条不紊地进行下去;因为能力,生活才能因工作的优秀表现而大放异彩;因为工作,人生理想和幸福心理才能产生、发展和成熟。

其次,知识上的进步。在人的一生中,没有知识,就无法与社会对话,没有知识就无法让自己在心理上产生对世界的认识,就无法形成积极向上的心态,就无法实现一切为自己和社会带来完美、文明和进步的科学认识,甚至是行为。只有知识的进步,人才能发挥至关重要的作用,才能让社会成为真正意义上的社会,才能让人才为国家和社会做出贡献。在此情况之下,一种人生的发展,需要在各种知识上的进步和心理上的成长。

最后,心灵感受上的不断优化和科学理解。心灵是人们认识世界的窗户,当一个人的心灵处于稳定、健康的状态时,人生很容易产生对生活的科学理解,起码,是积极向上地进步理解。在现代人的眼中,社会是一个复杂的综合体,它需要人们不断发现,不断总结,在个人心灵上产生对社会和事物的全新认识。当心灵处于变化和无序状态时,往往能让人产生不科学,甚至是错误的理解。所以,心灵需要不断优化,通过获得知识、能力和在竞争中不断地为自己重新定位,真正地优化心灵,为一个正在进步的社会带来更多正面作用。

能力之下的事业成就、荣誉和被尊重,以及知识上的进步和心灵感受上的不断优化和科学理解,都是实现人生意义的重要条件。在此基础之上,才有真正意义上的幸福、美满和自然惬意。其中,能力是重中之重,失去能力,其他两点都是空虚的。能力是其他两点的载体,能承担更高的工作效率,为个人发展带来极大益处,能为社会发展带来进步色彩。因此,任何人、任何事物,在发展过程中,都需要一种幸福的诠释。尤其在今天的社会中,人人希望得到幸福,希望成为人生中最伟大的理想拥有者。

在中国,有人生活得并不理想,受到种种精神上的牵制,无法自由自在地生活。在一些大城市,在一些东部城市,人们的生活水平明显提高,处于一种稳定、自由的发展状态,心灵上很少受到外界牵制。因此,他们寻找幸福生活的心理更强烈。在此基础之上,真正的幸福依然处于遥远的地带。中国人正在寻找幸福,但其结果是:真正过上幸福生活的人不能科学理解幸福的意义,无法企及幸福生活的人总是产生精神上或实现中的强烈挫折。

这就说明一个问题,现在还不完全是个幸福社会,起码,在追求幸福的道路上距离幸福还很远。而且,只有少数大城市中的部分人才能过上幸福的生活。他们有意识地追求幸福,并对幸福产生科学理解。在此基础之上,才有人生意义的无限扩大化,才有人生意义的高境界。越来越多的人认为,幸福就是有强大的经济基础、优厚的社会基础和丰富的精神基础,像中国的上海,属于这样的城市。可以说,上海人已过上幸福生活,它是国际大都市,是中国经济的中心。事实上,过上幸福生活之后,还需要一种认识,那就是对幸福心理的正确认知和保持。

今天,越来越多的人了解"幸福生活"的概念。但如何才能实现它呢?对于人们来说,只有将自己的工作做好,并获得经济和精神双丰收,最后才能实现真正的幸福。这与发展地区不同,发达地区的人们可以通过全完的精神享受获得纯粹的幸福人生。它需要优厚的社会和经济条件,起码,必须将工作当成一种生活,甚至是对生活的理解。但对大部分人来说,物质依然没得到充分满足,精神世界受物质世界的牵制非常严重。在此基础之上,只有通过突出的工作表现,来实现自身人生的幸福。

说到工作，就必须提及能力。在中国，越来越多的人渴望通过工作实现人生理想。在工作之下，物质与精神世界完全吻合，并协调发展。这样，幸福就能产生，种种成就、被尊重和社会声誉都被开发出来，个人和全社会将因此受益。也就是说，能力是将现实与理想完美结合的纽带。幸福就是外界的正确心理反应，幸福就是这些正确反应在心理上产生的稳定、持久、有意义的体会，并产生效力。

能力强大时就能让人对人生的主要部分——工作，产生持久的发展动力。在此基础之上，才有一种或多种个人的幸福。形成纯粹精神享受的人往往能获得真正的、纯粹的幸福。这是最高级的幸福。但在现实中，由于工作、人际和发展必须的条件等，大部分人的精神世界严重被现实牵制，很难实现幸福生活。因此，越发达的地区，越能实现纯正意义上的幸福生活。相对来说，欠发达地区总是寻找一种接近完美的幸福，它往往是精神世界与现实世界的结合，带有种种俗规和定式。

只有让幸福生活成为人们永远追求的目标，才能让社会处于安定、和谐和美好之中。只要一种精神能出现，并对人们的心理产生强烈刺激，并对物质的作用越来越小时，幸福社会就已形成。在此基础之上，才是一个相对完美，更能让人产生幸福认识的现代化社会。

第五节
自我激励幸福常在

社会上，能取得成功的人，往往都是勤恳、刻苦的人。在收获成功的同时，能收获种种物质和精神上的享受。渐渐地，他们便能得到幸福，能获得长久的快乐。因此，成功往往表现在生活的幸福度上。可以这样说，生活越幸福，人们的工作就显得越有激情。

在社会上，人人渴望成功，渴望收获。简单地说，收获成功就意味着不断地进步，刻苦地学习，坚韧地奋斗，等等。只有这一些都具备时，工作才能有成功的可能。但是，今天的竞争越来越激烈，如何才能胜人一筹，彻底地收获成功呢？带着这个问题，我们继续讨论。

有人说，成功就是一个不断发展、不断进步、不断学习，形成能力并努力奋斗的过程。事实上，成功不但包括以上因素，还有一个因素至关重要，那就是自我激励。在没有动力和缺乏创造力时，人们想方设法地寻找激情。上班之前，他们会冲着镜子微笑，展现自己最自信的一面；下班时，工作人员会定时召开总结会议，总结一天或者一周的工作状态，并互相激励。在年底时，公司会组织召开年终会议，发工资、发奖金、送礼物，等等，让员工的自信膨胀到顶点。因此，激励是一种极好的工作因素。只有不断地激励，人生才能不断进步，越来越有意义。

以上都是激励的表现。真正实现人生价值的最大化，往往需要持久的激情。在此情况之下，才需要真正意义上的激情。拥有激情，总是通过对心理的冲击和进步，甚至是客观地变化，让自我产生心理上的满足感，甚至是进步。如果你每天能在别人面前畅谈自己的工作表现，并让别人承认你，那你将非常自信；如果你每天能对着上司大胆地说出你的工作梦想，并以此为契机，让上司表扬你，这时，你会产生强烈的自信，并实现了一次别人对你的激励。

越来越多的人认为，在工作中，激励往往是一种凌驾于知识、能力和感性之上的东西，能让人在心灵上产生冲动，并促进工作上的积极进步。激励自己的人往往是欣赏自己的人，同样，不欣赏自己的人往往也会用言语激励你，往往他们不带有强烈的目的，但当你被不欣赏你的人指点，并挑出毛病时，你会发现，自己的工作状态原来是这样的。于是，便产生精神上的自我认识，并为人生带来深远影响。因此，激励也是一种双向的过程。当激励成为你人生中必不可少的部分时，人生就显得更有意义。在此基础之上，才有真正意义上的心灵进步、升华和发展。

只有外界对自己产生强烈的反应，才能让自己产生激励的想法。比如，你每次上班都不迟到，偶然一次迟到，并被领导指责时，你的心理产生强烈刺激。对一般人来说，他会产生消极怠慢情绪，对一个进步的人来说，他往往在心理上更强大，会不断地自我激励，使自己轻而易举地更进一步。因此，真正的激励往往是自我激励。它能让人产生精神和心灵两方面的发展和进步。就目前的情况来看，越来越多的人渴望获得精神上的收获,并在心灵上产生反应,最终在心灵足够强大时收获一切成功。

自我激励是精神世界的发展和进步。从表面上看,自我激励往往表现在精神上。激励之后,人们便能产生精神和心灵上的强烈刺激,并保持一段时间,工作能力上越来越强。在此情况之下,只有让人的精神得到激励,心灵才能净化,才能处于一种稳定的状态。此时,自我激励便能让工作能力更强大,心灵更美好,世界更和谐。在此基础之上,精神世界与心灵世界便产生为一切发展和进步带来强大力量的动力。

自我激励是个人发展中的动力表现。在人的一生中,激励往往出现在失望或情绪低落时。此时,才能形成一种具有精神进步和心灵发展的动力,来让个人发展走上一条平坦道路。有人说,激励就是自我激励,就是用一时的激情点燃生命烈火,进而一生受用的感情能量。只有让能力在自我激励的过程中表现出来,才能形成真正的竞争优势,并让人生得到最完美、最彻底的表现。曾经,有人问道,激励是否就是一种人生动力?事实上,对于今天的人来说,激励就是一种人生动力的所在;就是一种对世界、社会和自我认识的正确反应。也就是说,自我激励就是个人发展中的动力表现。

自我激励是提升工作和生活质量的必要手段。有人说,自我激励是人生的自我净化。在此基础之上,就会形成一种让世人无法想象的发展精神。只有自我激励,才能实现客观工作的精神,才能形成长久的工作能力,才能实现成功。同样,只有自我激励,才能让生活变得越来越美好,越来越有朝气。在今天的社会里,只有个人发展,并不断地战胜失败,赢得成功,才是真正意义上的进步。因此,失败是至关重要的人生缺陷。怎么克服它,人们往往离不开自我激励,甚至是自我反省。这样,心灵才会强大起来,并为人生带来无尽的乐趣和幸福。

自我激励就是人生航船上的桨。人生，有时像大海上的小舟，不停地向茫茫无际的地平线驶去，始终没有终点。因此，要想保持平稳的状态，并一直前进，只有通过船桨的作用，一点一点地前进。在此时，桨能帮助人们寻找航向，寻找茫茫无际的天地。当目的地始终不能出现时，人们只能不停地划桨。这就是人生中的"自我激励"。现实生活中，人生方向虽然能确定，但始终到不了终点。其过程就是，在失败中自我激励，在失望时自我激励，在成功前一样要自我激励。当目的地还未出现之前，谁也没有结束生命的能力。在这个过程中，"桨"即是一种"自我激励"的过程。在此情况之下，人生才能获得各种精神——进取、奋斗、冒险，等等。

现在，还有一个问题，那就是"自我激励"能实现幸福人生的理想吗？事实上，这同样要认真分析，悉心梳理。

首先，"自我激励"是心灵不断强大，处于优等状态的手段。在人的一生中，只有将心灵的发展和进步放在第一位，才能产生人生理想上的憧憬，才能让社会处于一种和谐的状态。在此状态之下，"自我激励"的行为往往能优化这一切，并在心理层面上产生强烈反应，并将人生升华，不再成为别人眼中的普通人，甚至是自我认识上的缺陷认识，使自己信心满满，时刻拥有一种对世界、社会和他人的关爱。

其次，"自我激励"就是帮助实现人生理想的工具。有人说，实现工作中的理想，其过程带有很多复杂多变的情况。因此，当失败来临时，失望来临时，甚至是挫折来临时，必须实施"自我激励"的原则，让自己在实现人生理想的道路上，越来越有自信，便是一种对人生意义的放大，便是一种对思想和知识的再解放。

最后，"自我激励"就是成就理想工作和幸福生活的重要手段。

当人生出现问题时，只有一种精神是最宝贵的，那就是激励精神。当人生经受着种种挫败时，唯一能让自己好起来的，就是"自我激励"。无论是理想的工作，还是幸福的生活，开始时，都需要自我激励。当这一切都成为常态时，才能让心灵产生理智且极具思考意味的认识，最终，才能对生活产生热爱，才能对心灵产生极具进步性和价值意义的升华。因此，"自我激励"往往是心灵幸福的最高形式。同样，在现实中，"自我激励"更能让人获得最有价值和意义的人生。在此情况之下，才会真正形成社会意义和更高层次的价值。

现在我们可以看出，有意义的人生是可以获得幸福的，但有意义的人生非常难以获得。在实现的过程中，人们往往需要勤奋、认真和刻苦等因素，让人产生对人生的最大追求。在此情况之下，有意义的人生出现时，就需要一种更高贵的精神产物——幸福。

人生往往需要对世界的科学认识，对社会的充分理解，对个人的精确判断，凡此种种，只说明一个问题，那就是在"自我激励"的过程中，不断寻找突破点，并使幸福永远停留在自己身边。由此，幸福生活往往是多数人追求，少数人享受的现象。起码，就中国来说，是这样的。就整个社会来说，越多的人过上幸福社会，越多的人消除了贫穷、无知和疾病，并在经济上大有作为时，才能使每个人享受幸福生活。

第十章
认真的人最幸福

第一节
一丝不苟事半功倍

在生活中，时间不断地向前奔跑，越来越快。在人们心中，怎样才能让生活变得越来越有意义呢？在此情况之下，越来越多的人渴望通过工作和生活方式来改变自己的人生，升华人生意义。因此，只有一种心理能使人们产生最伟大的价值和精神，那就是"认真"。只有"认真"，才能让人产生对世界的新观点，对社会的新体验，对他人的新认识。这就说明，做好一件事情，就必须保持心态上的端正、正确。在此时，才能产生一种"认真"的心态。

有人说，心态就是"认真"。其实，这也是正确的。当人们"认真"做事时，人们会更容易提升效率，更容易获得心理上的强烈反应。只有这样，才能实现伟大的人生目标，才能让精神世界处于一种极大的安静中。在今天，只有让人生处于一种简单和富有变化的环境中，人生才能更有意义。事实上，表现在工作上，就是成倍地提升效率，并不断地收获成功，获得社会和他人的尊重。但是，前提条件是，态度必需端正，做到一丝不苟。这样，人生的意义就会向一个正确、有效的方向发展。否则，每个人都会成为社会发展的障碍，那这个社会就不能产生人才了。因此，当一个人能做到做事一丝不苟时，那生活就会因工作而无限美好。

首先，认真是一种态度。在生活中，尤其是工作中，只有认真做事，并一丝不苟，才能让人生变得更绚烂，才能时刻享受因努力、奋斗和进步带来的一切美好。在此情形之下，工作就变得简单，生活更易融入工作，并将两者结合起来，形成全新的生活方式。因此，"认真"是一种让生活越来越美好的态度。当人们开始"认真"时，便能使自身产生一种始终不会变化，并在心灵上产生强烈反应，使自己终身受益的态度。最能代表这种态度的，是人生意义的不断提升，更是一种对心理和现实世界的不断结合和融合。

有人说，认真的、一丝不苟的人，往往能将心灵世界无限放大，在现实世界中追求一切美好、自立和理想。在此情况之下，人们才能产生一种用心灵认真感受世界，用一丝不苟的精神实现理想的态度。正是这种态度，才让越来越多的人形成对未来的憧憬，并踏踏实实地工作，最终实现一个理想而主动的生活，使自身时刻保持在稳定的心理变化上和稳定的现实中。

第二，认真是一种对生活的深刻理解。现实中，要让人的精神世界不被外界左右，并时刻使自身表现出在生活上和工作上的最好一面。如果人们能将心理看成一种对精神的再升华；如果人们能将生活看成一种对历练的再塑造；如果人们能将人生看成一种对社会思想的再创造，那生命将变得越来越有意义。在此情况之下，只有在一切美好到来之前，并将生命的光辉发展成一种越来越高尚的表现，一切将变得更实在、更有价值。随着知识、能力和精神的不断提升，才能让人产生对世界、社会和生命的深刻认识。更值得让人产生崇高精神的，还有为工作而忙忙碌碌的一切因素。在人生中，只有锻炼，不断地提升知识质量，不断运用自己具备的一切自身因素，才能产生工作上的成就，才能实现对生活的深刻认识。

在此情况之下，一切美好幸福的现象才能产生，才能让人用心灵真诚地感受真正的生活画面，才能让人对一切知识产生自我的深刻认识。因此，当人们通过学习、实践和工作，产生刻苦勤奋的态度后，才能产生对生活的深刻认识，并受用一生。所谓"认真"，就是在这些因素的影响下，不断深入发展，最终使自己产生一种更高规格的人生标准。

第三，认真是通向美好人生的通道。"认真"可以让人产生对一切事物、一切社会活动和一切心灵反应的价值表现。当一个人用心生活在理想环境中时，那他便能获得真正的好美生活。只有让心灵产生一切关于对外界的正确和积极向上的认识，才能让人生成为一条宽大的马路；才能让人生获得精神境界上的升华；才能形成在现实世界中的最完美状态。当一个人能生活在真正的生活中，才有一种绝对的平静，才有一种对一切产生好感的情绪。当然，只有一种生活观念的人，往往生活的范围很局限。相反，拥有多种生活观念的人，往往生活在一个无限扩大的环境中。在此情况之下，真正的人生才能放大，那就是精神世界的一再发展、膨胀和理想化。因此，只有让心理强大起来，并使人生发生质的变化，才能让人产生刻苦、奋斗，甚至是认真的态度。

第四，认真是憧憬未来的必要手段。在人生中，刻苦学习，努力工作，并产生对一切事物的认真态度，才能实现对未来的憧憬，对未来的掌握。有人说，认真是人类最伟大的生活和工作态度。只有这样，才能让心灵变得越来越强大，才能让真正的现实和憧憬的未来产生无限能量。因此，生活需要认真，工作更需要认真。将认真摆在第一位，才是幸福人生的真谛，才是理想工作的秘诀。

只有让"认真"成为人生航道上的保护伞，才能实现一切价值和利益的发展，甚至是再升华。当然，真正意义上的人生是一个不断发展，并不断收获的过程。只有这样，一切才能好起来，才能让一切事物越来越有意义，更重要的是，工作才能有起色，生活才能产生完美的效应。

第五，认真是世界发展的微观因素。在社会上，越来越多的人能获得成功，越来越多的人不再为金钱而担心。在此情况之下，还有一种精神世界，未让人们达到一种理想境界。就个人来说，越认真的人，越能获得工作和生活上的满足感。因此，只有使用精神力量来改变现实社会，才能让人产生巨大成就感和收获。在这种情况之下，只有个人成为一种认真、自由的个体，并在生活和工作上放大这一切，才能实现社会的发展，才能看出社会发展的质量。当越来越多的人能获得精神财富时，真正的个人发展和社会发展才能结合起来。因此，认真就是个人发展的主要因素，而对于社会来说，认真就是社会发展的微观因素。

第六，认真是心灵世界的再塑造。认真工作时，往往能让心灵产生科学的、有序的变化；认真生活时，往往能让心灵产生更美好、更自然的变化。在此情况之下，更多的人渴望获得心灵上的满足。当人们的心灵产生富有变化的真实写照时，只能让人产生最真实的判断，并正确认识世界。越来越多的人认为，只有将心灵发展到一定程度，并处于不断优化，不断提升效率时，才能产生幸福心理。只有将心灵发展上升到"理解"的层面上，才能显出一种对心灵世界的再塑造。生活中，心灵再塑造主要是精神世界的知识化、能力化和稳定化。因此，人们更渴望获得心灵上的自由、放任和理解能力。

心灵再塑造的过程往往是综合能力的再塑造，并让人们产生对一切生活、工作因素的科学理解。在人生需要提高生活质量，发挥最大能力时，越来越多的人渴望用"认真"的方式解决这一问题。当人生变得有激情时，"认真"便是最伟大的因素，反之，"认真"便是成功的最大动力。

"认真"是精神力量，现实中，"认真"则是生活好美、工作顺利的保证。只有让"认真"成为生活中的主要发展因素，才能产生个人发展的科学认识，才能现实人生理想，才能成为社会发展的动力。如果生活要完美无缺，工作要一丝不苟，就必须形成一种"认真"精神。当然，只有成为一切现象的美好反应，才能让人获得幸福。只有"认真"，才能事半功倍。

人生就是一种对社会的理解、实践、总结和发展。在此情况之下，人们才能获得真正的生活，才能在工作上事半功倍。当"认真"态度成为一种生活方式时，才能使自身的心理变得强大，才能让人生的烈火不断燃烧，让人们接受新事物，憧憬未来发展，产生成功之后的价值享受。

因此，"认真"工作往往能获得心理上的极大满足。如果一丝不苟的工作，人们便能事半功倍，便能在生活上享受一切，并深深地影响自身、发展社会，成为一名合格的社会成员。

第二节
工作积极的人一定幸福

怎么才能获得幸福？当人们提出这一问题时，距离幸福社会就不再遥远。当人们开始思考、理解幸福的真谛，并追求幸福社会时，一种进步力量就会表现出来。在此情况之下，才能形成更有力量的精神。只有让工作成为人们生活中的一部分，只有让强大的心理变成一种对幸福的理解，才能让人生越来越升华。

在生活中，越来越多的人渴望获得正能量。在条件还不允许时，甚至是物质缺乏时，人们无法获得理想的正能量，人们终日围绕着生存、发展，甚至是斗争而惶惶不可终日。在此情况之下，更多的人渴望安宁的生活，渴望获得养家糊口的基本条件，这使得人们无法实现真正意义上的生活。今天，越来越多的人能轻松解决生存问题，并获得理想的工作，成就不平凡的事业。在此情况之下，越来越多的人便会在心理上产生强烈的社会意识，产生一种对世界以及人生的新认识。由此，人们才有条件追求更高尚的生活，更能表现出深刻而表面化的人生。

在工作中，要将心理体验上升到对一切事物的认识，转化为对理想的追求力量。只有让人生成为一种最伟大的精神，才能让社会产生对未来的憧憬，才能让心灵变得更强大。因此，在工作中能发现、发展，并追求，才能具有积极向上的精神。一个人能将心理梳理得清楚，并提升能力和理解力，最终实现对世界的认识，形成自己的知识，并作用于工作中，便让人产生对一切事物的尊敬、爱护和保护。以上条件都具备时，真正的人生才能收获成功。

今天，越来越多的人能获得幸福，说明他们已进入一种理想的人生，并在工作上表现出来，最终使工作生活化。只有这样，才能具有种种独立思想和极具现代感的生活格调。真正的人生，是一种心灵和实践相平衡的过程。当这一现象成为一种常态时，真正的理想的、幸福的生活才能产生，并深深作用于个人的发展道路上，为自身以及环境中的关系带来长久和稳定。在人的一生中，只有形成一种精神，并始终凌驾于现实之上，才能形成内动力，并通过生活、工作和学习使人产生积极向上的动力。也就是说，只有让生活、工作和学习成为一种生活式的人生时，才能形成越来越强大的工作能力，并积极向上。到此，我们便能得出一个结论：积极向上的人往往能成功地获得幸福。

首先，积极向上是工作和一切美好生活的保证。现代社会中，知识越来越普及，通过简单的学习，甚至是玩耍，人们便能获得大量专业、精深的知识，终生学习是大部分人能做到的。知识足够之后，人们不成功，往往是能力上的不足。这样才能让人们产生对社会、生活的热爱，进而产生让对一切精神财富和物质财富的再创造。在这一过程中，需要一种更科学、更纯正的幸福通道。当这一切都已发展到一个相对稳定的状态时，积极向上就是发展的工具，因此很容易实现人生理想。这就说明，积极向上就是一种对世界的科学认识，是一种对社会的理解，是自由发展的能量。

其次，积极向上能让人产生社会荣誉感。只有将人生放入一个简单、宽松的环境中，人生才会发生特殊变化。在此时，社会往往会成为人们活动的空间，心灵往往能成为个人展现的主要因素。如何才能在社会上获得属于自己的美好东西？人们往往需要通过积极进取、奋斗等方式获得成功，进而得到一切美好的东西。它们包括：收获、尊重、付出与索取、幸福、享受，等等。在此基础之上，才有真正的人生意义，才能产生社会荣誉感。同时，当这些都实现之后，社会发展就变成一种进步，变成一种对世界、社会和心灵三者的融合。

第三，积极向上能让人提高社会认同感。当人们在事业上有所成就，并能成长、发展和进步，相对独立于社会时，才能使人生变得越来越有意义，并让自己产生对社会、对生活，甚至是对工作的深刻认识，不断地成就事业。自身条件和外界条件都已处于稳定、自然和谐的状态时，才能使自身对人和社会产生认同感，不轻易否定一个人，或一件事，甚至是一个事物。因此，只有让自身得到全面发展，才能获得身心健康，并不断追求理想的生活。

第四，积极向上能带来持久的幸福理解力。在人生中，只有得到更多的财富，才能获得更多的享受。随着社会的发展，文明的进步，越来越多的人在享受生活的同时，渴望得到更多的文化。在此基础之上，一种完整的人性和一种健全的心理往往通过学习、理解和总结来实现。因此，学习能力足够强大时，理解力才会强大；只有理解力强大，总结出来的结论才是科学的、正确的。其中，理解力是重中之重。当人们不再渴望过多的知识时，不再祈求得到外界更多的物质时，往往需要一种对身边一切，甚至是社会及他人的认识，并不断地理解，形成自己的想法。最终，形成成熟的、科学的理解力。

在此基础之上,才能形成一种理想的生活状态,即幸福生活。但幸福生活不是简单的认识和实践,而是要寻找一条通道,这就是理解力。当理解力强大时,真正的人生才会升华。理解了一种环境、背景、知识、能力和生活因素,才能形成理解力,并通向尽头——幸福。也就是说,人们必须结合自身情况,理解一种适合自身的幸福观,并坚持实践。这样,一切发展、奋斗、成功的最终点便是幸福。

第五,积极向上是人生的最高形式。生命有长短,人生却无大小。因此,只有不断地升华人生,才能在有限的时间里获得无限的人生意义。当人生渐渐从浪潮中掀起时,你是否感到自己心潮澎湃;当人生渐渐褪色时,是否会有一种力量始终守护在你身边,那就是回忆;当人生行将结束时,你是否感到终生无憾,留恋人间。凡此种种,都是因人生追求理想,并充分发挥人生意义的结果。有人说,人生最大的意义就是获得社会成就。事实上,还有一种人生更伟大、更高尚,那就是获得精神享受,过上真实、快乐、美满的幸福生活。在幸福生活中,人们可以拥有一切精神享受,可以拥有知识和思想,也可以放弃知识和思想。

在此时,只有让人生上升到"知识创造知识",并给精神世界、心灵、思想和工作带来益处时,才是真正的幸福生活。在"幸福"的左右下,人们只有让人生从简单转换到复杂,将心灵放大到无限,将现实创造得足够丰富、精致和华丽,才能获得真实意义上的幸福生活。因此,一个人的生命有限,但享受幸福生活的快乐与惬意是无限的。在此情况之下,才能获得真正意义上的理想、美满和幸福。

在社会上,只有生活在相对富足和宽松的环境中,并有稳定的工作、美满的家庭和健康的身心,才能让人获得幸福。在此基础之上,一个人的未来才会越来越有意义。这些意义往往表现在生活的点点滴滴中,工作的方方面面上。而在一开始实践时,就必须拥有一颗努力进取的心。在此情况之下，人们才能产生一种对社会、对家庭、对他人的关爱。因为，人生是一个不断发展进化的过程，而事实上，只要有美好人生，只要一切还在继续，某种意义上的成功就会最大限度地实现。工作积极的人很容易找到幸福生活，但是，真正的幸福生活却是一个努力、成功和沉淀的过程。

此时，工作积极上进，就意味着能力的提升，就意味着知识的不断增长，精神境界的不断升华。同时，人们只有让生命的能量发挥到极限，才能真正收获幸福。同样，这依然需要积极上进。在普通人眼里，只要积极上进，就是一个有作为的人，这是一个能让人拥有无限发展和有限生活的真谛。

今天，越来越多的人能获得幸福，他们获得的途径不尽相同，但有一点是相同的，那就是对外界事物的感触，以及对社会的认识。越忙碌的人越能获得人生益处，有着越有意义的人生的人越能获得幸福生活。在此情况之下，积极地工作，悉心地掌握情况，不断地向高峰攀登，这样，才能实现真正的幸福。

第三节
培养一种认真的幸福

天空中的小鸟是自由的,所以人们总是渴望获得蓝天的拥抱;地上的花草是美好的,所以人们总是渴望占有它;水中的鱼儿是沉着的,所以人们总是渴望获得修炼和学习上的充实感。在此情况之下,越来越多的人渴望获得更理想、更自然的生活。怎样才能得到这样的生活呢?事实上,我们需要解决一系列问题,并让真正的幸福产生。如此,才能让一切美好事物降临,才能让自己享受无与伦比的生活。

首先,人们必须保持儿时的纯洁。在人的一生中,只要保持儿时的烂漫、天真和纯洁,才能获得精神上的最大满足,才能获得事业上的稳步发展。有人说,当一个人的心理强大起来时,生活就会好起来,至于工作,那是一种看似复杂,实则简单的发展过程。在此情况之下,人们需要一种纯洁,学习上的纯洁,工作上的纯洁,思想上的纯洁,以及实际能力上的纯洁,让一个人不费劲就能获得理想的生活,掌握大量知识和技能。

其次，人们必须拥有高人一筹的认真态度。当一个人进入生活，开始工作时，总是渴望获得心理上的极大满足，进而获得现实中的理想行为和状态。在此情况之下，才能获得真正意义上的理想人生。只有简单的堆加和复杂的组合，才能让人生丰富多彩，才能让自己变得越来越强大，并左右自己的方方面面。在此大背景之下，人们需要培养认真的态度。在做事时，一个人始终能保持认真的态度，即便不成功，自身也会有所收获，甚至让人尊重、敬仰。这就说明，成败并不是唯一的结果，人们劳动过程中的态度也很重要。只有人们努力地工作，认真细致地解决问题，即使是失败，一样能收获成功的喜悦。这又说明一个问题，那就是认真的态度是解决生活问题的武器，是成为一个成熟的人和合格的人才所必需的。这一点，至关重要。

当一个人有能力解决一个问题时，往往需要种种知识、能力和思维凌驾于问题之上，然后加以解决。在人们需要一种理想的解决方案时，只有让过程成为一种被发现的对象，并从中发现问题中的问题，进而用最简单、最有效的方式，并在大脑中形成自身的思维，表现到外界，才能发掘问题。在此基础之上，真正的问题被摆放在眼前，唯一需要做的，就是运用自己的思维，进行总结，坚定地执行并最终解决问题。

这就告诉人们，想解决问题很简单，但解决问题之前必须发现问题的存在，并用一种或多种方式和思维将问题中的问题挖掘出来，最终形成解决问题的方案，现实思想的升华和思维的再提升。这再次说明，解决问题是真正的能力的提升。同样，解决问题可以让人的精神得到极大解放，让人的精神世界处于一种有序和无限的扩展之中，这就是人生意义的所在。当成功不再由少数人掌握时，一种更理想、更现实的美好人生就会出现，并让个人得到全方位发展，并推动社会进步。

实现成功的、理想的生活，就意味着幸福人生的到来。因此，只有将生活放在第一位，并将工作当成生活的一部分，才能实现一种更理想、更自然的生活状态。只有在人生的不断升华中，在无限的扩展中，才能理解幸福，并处于稳定的、自然的状态。生活和工作一帆风顺，以及获得幸福生活的主要障碍，就是不理想的现象和种种问题的出现。怎么才能将它们排除、解除。只能通过"认真"来实现。

当然，运用知识，并能将问题解决，这才是拥有知识最直接的方式。只有用知识解决问题，才能获得工作上的成就。在这一切都处于稳定和发展状态时，真正的人生意义才能得到更深层次的表现，即用解决问题之外的知识获得精神上的享受，并以文化的方式表现在工作上，使人始终保持一种积极向上、独立自尊的状态。这也是幸福产生的重要原因。

实现幸福人生，往往就表现在以上的内容里。怎样培养一种认真的态度呢？这又是一个问题。

首先，认真的态度是生活习惯养成的。在人的一生中，只有始终保持"认真"的精神，面对问题一丝不苟，以身作则，才能发现"认真"的真谛。在此情况之下，一切精神以"认真"为标准，形成一种严谨、严肃和严厉的自我认识和反省意识。这主要表现在学习上，如果一个人学习成绩好，往往是在"认真"方面做足了文章；如果一个人一直能保持最优秀的一面，往往就表现在他对"认真"的态度上；如果一个人能过上理想的生活，并保持沉着稳健、自力更生的状态，往往也表现在对"认真"的深刻理解和运用上。因此，从一开始的学习中就表现出"认真"的态度，并始终保持，沉着应对，那"认真"就成为成功道路上的益友，并在生活上表现出一种习惯性倾向，时刻拥抱收获和成功。

其次，认真是理想、成功和未来的实践工具。如果人们设定一个人生理想，并不断地追求，才有人生意义。当然，只有让人生控制在思想之下，才能让个人的因素扩大，并为理想蒙上一层神秘的面纱。此时，只有将"认真"放在第一位，只有将实现理想的一切精神、思想和思维发展起来，才会形成"认真"的态度。"认真"就是用心生活，细心工作，悉心洞察。在此基础之上，才能使理想、成功和未来产生深远作用，并成功解决问题，成为生活和工作上的主人。

最后，认真是产生幸福的最初动力。在人的一生中，能获得成功的方式有很多，但都需要一种精神，那就是"认真"。当人们渴望获得成功时，便会用自身所掌握的知识为自己制造心灵感受，并将知识在自己的心理上进行再调整，通过对现实的认识、理解、不断发展和完善，形成一套自己的想法，这就是知识给人们带来的心灵财富。事实上。只要能解决问题，适当、专业的知识是必不可少的。有时，这些并不能给人带来幸福。但是，这些知识能用于实践中，可以解决现实问题，因此，解决问题之后的快乐，同样能让人产生幸福的感受。至于多余的知识，或是无法用于实践中的知识，往往就是精神和文化在心理上的作用和精神享受。

知识是幸福的源泉，而获得和运用的知识有一个复杂的过程。诚然，知识可以解决问题，知识可以改变命运。但如何获得知识，最普遍、最直接的方法就是学习、阅读和聆听。至于运用知识，往往牵涉很多社会因素和个人因素，以及心理因素。由于过于复杂，在此不再述说。但它却需要一个重要因素的制约，那就是"认真"。事实上，"认真"不单单在运用知识上重要，获得知识的过程也一样重要。在此情况之下，"认真"就是获得知识的心理因素，同样，

"认真"也是获得知识和运用知识的重要工具。在此时，获得知识和运用知识能让人产生满足和高尚心理，而获得知识和运用知识的方式，就是用"认真"的态度。因此，我们又能得出一个结论，那就是"认真"是产生幸福的最初动力。

培养一种幸福，需要知识的不断增长，需要能力的不断提升，需要人生的丰富积淀。此时，一种好美的心理会产生，长期作用并反映于心理之后，便能产生更深层次的幸福。"认真"是一种态度，直接作用于其他因素。只有培养一种"认真"的态度，才能在人的心理上产生对事物的直接看法，才能让看法在心理上作用，并产生自己的想法。因此，培养一种幸福，就需要培养一种"认真态度"。"认真"往往是精神、现实和心理相互作用的结果，并是让生活和工作效率成倍提升的因素，属于心理范畴，但它却时刻影响着人生的精神文化。其最终结果，便是获得生活上的幸福。

第四节 事业成功认真是脚步

在人的一生中，只有不断地进步、发展和收获，才能实现事业上的成功。在此情况之下，事业成为一种与社会紧密相关的事物。有人说，学习必须认真，否则很难进步。今天，人们说到工作，便会产生一系列联想，努力、奋斗、认真和成就事业，等等。

在人生的旅途中，只要能让自身产生心灵上的认识，并表现在言语和现实中，那它就是有益的，能让人们产生更多的心灵体验，并时刻保持一种新鲜、认真和自由的风气。只有真正意义上的人生，才能让人产生种种对生活的理解、对社会的认识和对生命意义的领悟。因此，当世界是个简单的集合时，它就会失去意义；当世界越来越复杂时，它就拥有了更伟大的意义。在此情况之下，成就事业越来越困难，但是，积极进取的人却越来越多。现在，会出现这种现象：当一个人发现成就事业极其困难时，另外一些人往往看不到事业的成功。而他们，却是成就事业的主要力量。

在此情况之下，渴望而不努力的人，往往成功指数很低，往往不能产生对事业的憧憬和激情。此时，更多的人愿意什么都不想，只求稳定地工作。而这样的人，往往通过自身的认真、努力，获得越来越多的成功，并始终使自己处于快乐、幸福之中。其中，认真是主要因素。因为，认真不但能表现出个人端正的心态，更能表现出心灵上的进步、理想上的伟大、思想上的丰富度。在此情况之下，认真会将人生放大，更能将一切积极因素，包括向上的力量全部挖掘出来。

首先，当一个人能将自身的优势发挥出来，并不遗余力地奋斗下去，才能为自己带有更深刻的社会认识和对成功的理解。首先，认真会是成功路上的风向标。在人的生活中，只有让真正的生活发挥真正的力量，才能形成科学的、对生活充满憧憬的，并产生美好愿望的过程。在此基础之上，一种更能表达心灵感受，甚至是精神境界的生活方式便产生了。有人说，认真就是大厦顶上的风向标，就是心灵世界里的指南针，就是现实生活中的通天道。因为，认真可以让人对一切事物产生最根本的理解、感受和发现，以及认知。

其次，认真是从心灵走向现实生活的转换器。当一个人产生认真心理时，便能产生对事业的渴望，对心灵发展和健康的重视。同时，认真可以让人对一切美好的东西产生新认识，并不遗余力地发展、进步。在此情况之下，越来越多的人渴望在认真的前提下发展事业，做一个真正的社会人。当一个人的生命开始燃烧时，并不断迸发出火光时，人生才算强大。能让人真正产生一种专业、主动、更自由的心理，这只有通过认真工作来实现。这主要表现在能力、思想、思维和认知等方面。

就能力来说，主要是因为能力往往通过知识运用、人际关系和心灵再塑造来实现。当一个人的能力足够强大时，才能使人生，尤其是工作成为人们永不失败的过程。在此基础之上，更能让人产生发展、进步的，就是能力伴随着知识增长，并与现实相联系，形成自己的一种再造能力。

思想往往是一种精神财富，当人们拥有思想时，往往能使自身对世界、社会和他人产生正确而客观的认识，这些认识又让人追求理想和美好事物。此时，思想才会发挥作用，并让人受用终生。

思维是一种发展成熟的必然结果。当一个人的思想和心灵健康时，并让自己始终对世界、社会和他人有着深刻理解和看法，才能让思维变得发达。甚至有人认为，思维成熟即有着一个人成熟的内在动力。当内在动力足够强大时，表现到表面上的将是完美的形象、高尚的气质和无私的精神境界。当一个人的思维成熟时，便能创造属于自己的知识，并让自己终生受用。在此基础之上，真正的人生意义被无限放大，形成种种客观、科学的自我认识。

认知是对世界一切现象的再解释。当人们掌握足够知识，并产生内心与外界同步发展的状态时，就会产生真正意义上的认知。认知往往让人精神纯洁，大脑清醒，热爱一切好的事物，甚至能改造一切不好的事物。这种力量是强大的，但强大背后拥有的只会是对认识的渴求，对能力的提升，对心灵的发展产生深远影响。因此，认知是一种极具正能量的社会能力和心灵进步方式。

当生命的烈火燃烧到极旺盛时，人们的内心总能产生极强烈的反应，使人生越来越有意义。但是，当生命的烈火燃烧殆尽，并一片死寂时，渐渐冷却时，真正的人生意义只能接受泯灭的痛苦。而这种对社会的认识以及经历，让人的生活并不像死灰那样平静。它往往带有强烈的"人"的色彩，主要表现在对社会的认识，对自身发展和社会发展的科学理解，对生命意义的诠释，等等。在此情况之下，才有真正意义上的幸福。只有将幸福摆放在行将结束的人生之上，才能看到一个光明，却即将失去光明的世界。

本来，生命的力量是弱小的，但只要与世界、社会和他人联系起来，便能迸发出无穷的力量。在一种混乱中寻找自身的定位，在稳定中寻找一种真正生活的归属感。在此情况之下，越来越多的人愿意成就一种事业，当成就事业后，就越来越能使社会和他人接受自己，获得尊重。

就社会层面来说，只有获得成功，受他人尊重，产生崇高的荣誉和精神，才能对人的生活，甚至是工作产生极大的进步。在此情况之下，真正有意义的人生就得到升华，更多的人渴望形成自己心灵发展和形态上的统一，在此基础之上，才能形成美好的心灵和坚忍不拔的工作精神。由于人生始终是变化的，因此，人们渴望一种稳定的生活。在这条道路上，更多的人选择增长知识，成就事业，并发展自身的理想，来实现稳定生活。因此，稳定的生活形成之后，便是理想的实现和精神财富的无限堆加。

所谓无限堆加，并不是真正意义上的学习。有人认为，终生学习就是知识的无限增长。事实上，这是有待商榷的。一个人如果渴望通过自然成长来获得更多的认知是可以的，但要实现知识的无限扩大和能力的不断提升，就需要一种更高的境界，那就是通过已有的知识，发展、创造更多的知识，尤其是有利于自身发展和对社会有益的知识。

当人们不再为知识的增长而苦恼时，才能实现精神财富——知识的增长。以此为前提，真正的知识才是自己创造出来的，并对工作、社会和世界产生影响力，让他人对个人产生有益、协作和尊重心理。这就是人生中最重要的部分。当知识能衍生知识时，心灵就足够强大，生命的存在就有了新的意义。

生命只有让意义扩大，并升华，才能形成一种更高标准的生活。它往往包括自立、自由和自省。就自立来说，这是一个社会人起码要拥有的。今天的社会，越来越多的人能在生活上依靠自己，能在事业上独当一面，成功变得越来越简单。本来复杂的心灵因简单的梳理而变得有序；自由，这是每个人都在寻找和追求的方向。一个人获得足够的自由，便能在身心两方面表现出健康、积极和发展。只有自由，人生最光华的部分才能显现。自省，这是生活和工作发展的再动力。当一个人失望或失败时，只有自省，才能让自己走上另一条理想的道路，并为未来做最充实的准备。

在这种情况之下，越来越多的人看到理想与现实碰撞出的火花，并在意义上加以诠释。这样，人生就变得更有意义。意义的所在不是精神状态，而是心灵发展过程的总结和提炼。在此情况之下，做事的根本要求——认真便会让人产生对生活和工作的全新认识。当人们认真时，总是可以看到世界真正的样子；总是可以看到发展的进步力量。

一个需要进步的个人和一个需要发展的社会，如果没有认真，那其将失去一切积极向上的力量。成功往往需要人生过程来展现，但人生的成功和意义总是需要一种态度来保证，那就是"认真"。

第十一章
每天微笑一下的幸福

第一节
放开一切没什么大不了

今天，人们认为幸福的最大对手，就是心灵的自我封闭。在一个社会内，绝对的独立是不存在的。当一个人处于社会环境中时，他往往要处理人际关系，往往要打破一些旧想法，创造新思维，让自己始终处于一种优化的状态。这样，一个人才能受他人尊重，才能获得真正意义上的美好人生，实现幸福和享受。

很多人说，幸福就是将自己的一切置于一种稳定、不断发展优化的状态中，并产生心灵上的持续反应，进而为自己带来一切社会性和个人色彩上的稳定感受。在此时，这种人往往认为，幸福就是一种心理的不断端正，就是对所有现象产生自我认识，并运用于实际问题，并成功解决的思想和心理反应。当人们在失去时，往往会产生失望情绪，甚至是绝望。就普通层面而论，这种现象会给人带来人生上的巨大损失，会让人产生消极怠慢情绪。但是，就今天的社会而言，由于人们不再缺少物质资料，不再为金钱而惶惶不可终日。越来越多的人能获得知识，并以知识的名义证明自己的人生价值。在此基础之上，社会才有了一种更积极、更合适、更文明的现象，那就是将失败看成一种历练，看成一种对生活的洗礼，看成对理想追求的有益补充，等等。

在此情况之下，失败和挫折往往是人们发展的动力。因为，负面作用总是让人产生种种对正面力量的追求。这是一种整体的认识。只有将人生看成一个整体，才能将生活中的一切转化为成功、理想和幸福。无论是失败、挫折，还是黑暗，总是短暂的。当一个人能放开一切，并坦然面对生活时，正面的、积极的作用就会作用于整个人生。在生命中，精神力量往往能带动现实力量，只有让现实中的一切在精神力量的支配之下，才能实现理想的人生，使人们更独立，更能清醒地认识世界、社会和他人。

幸福是什么？幸福就是对人生、生活和社会的不断理解，并发自内心地体会它、发现它、追求它。所谓的理想，就是这些因素发生和发展的目的地。追求幸福是对本能人生的塑造，对一切美好现象的再发现，对人生意义和社会意义的再升华。只有将梦想与理想结合起来，在精神与现实两方面作用于人生价值之上，才能获得真正的幸福。只有幸福了，生命才有更高尚的意义，才能让一切美丽现象和完整的身心得以发现。所以，在生活和工作中，人们只有不断地发现、发展，不断地思考、总结，才能实现人生意义的最大化。就社会层面来说，这是极具进步力量，并让他人和社会受益的发展。

今天，怎样才能获得幸福？这其实是一个大家都在讨论的话题。就今天的情况而论，社会就是一个财富的集合体，当每个人的手中都聚集着大量财富时，生活就需要一种更深层面的解释，并赋予它更深刻的内涵。

首先，社会就是一种个人的自我塑造，达到理想人生的载体。如今，越来越多的人能平静地度过自己的一生。事实上，这是一种无意识的发展过程。人本身始终保持自我认识和对社会认识的精神。当这一切被发现之后，人们便产生对社会、他人，甚至是自我的认识。尤其在社会层面，前一辈人往往是后一辈人的总结对象。当人们发现前辈们生活在安宁之中，且默默无闻时，他们便产生更深刻的认识，即在前辈的基础之上，建立一种更健康、更理想的人生。这就需要拥有大量知识和对社会、人生的理解能力。当这些条件具备时，人生的意义便发生变化。人们往往会建立一种本能之上的社会和生活文化。所以，当一些生活被艺术化之后，渴望本能的生活和塑造本能的生活成为一种必然。在此情况之下，才有真正意义上的现代人生。不得不说，社会就是一个人生的再塑造和本能再生的载体。

其次，社会就是一种人生意义的诠释的发展过程。人生中，当一个人能获得社会所给予自己的一切时，那他就是一个幸福的人；反之，一个人的生活将是非常失败的。社会会将生活的意义扩大，并将个人和集体、社会之间的关系有序梳理。此时，一种被社会捆绑，并产生种种集体效应的生活被塑造起来。只有让人生发展得足够充分时，才有真正意义的社会价值和人生意义。只有这样，人们才能将美好的、自立的，甚至是自由的人生放置于社会中。在此，人生意义被社会发展诠释出来，最终形成自己高尚而幸福的人生。

最后，社会是人生意义最大化的终极表现。当一群人起来劳动时，他们往往需要个人努力、奋斗和协作，完全是个人情感组成的集体精神、个人情感、个人威望和自发行为成为集体中最重要的部分，但社会不同，它往往有自己的组织形式，有自身的发展机制，有良好的人才培养和管理系统，甚至有与集体行为大不相同的社会、国家以及民族荣誉感。在此情况之下，个人的因素并不能发挥重要作用，因为社会需要一群人。但是，随着个人知识量的不断增多，能力的不断提升和阅历的不断增加，使得个人完全有能力解决社会上的一些重大问题，或者说有这样的潜能。在此情况之下，个人的因素再次被挖掘出来，并深深影响这个社会。

就今天而论，个人的因素在不断地扩大，自信、自强的人往往认为过分的社会效应会影响自身发展。此时，当个人渴望凭能力办事，并成为一个有用、能力突出、受人敬仰的人，往往需要淡化所谓的社会作用。社会是一个过于复杂的系统，复杂就意味着个人理解力的提升。只有让个人完全独立，并置身于社会给自身带来的一切现实与精神财富中，才能实现人生意义的最大化。

因此，人们能得出这样的结论，即幸福是在一个社会内产生，并使个人挣脱它的目标。在个人的生活中，轻松地工作，简单地生活，复杂地思考，认真地工作，往往是获得幸福的重要因素。人们常说，只有让人生发展起来，最终让心灵强大起来，才能现实个人层面的幸福；将自己置身于社会中，并时刻体悟世界，并使自身得到全方位发展，享受一切设施、制度和精神财富，就能实现社会层面的幸福。就今天的中国人来说，更多的人是在享受社会给自己带来的幸福。

至于个人幸福的打造，往往需要个人产生种种高超的认识，并独立于一切之外，使自身保持高度的、清醒的社会和个人认识。在文化不断增强的情况之下，才能让人产生各种关于社会、他人和心灵世界的全新认识，做个独当一面的人才。个人幸福起来，往往能让人生变得更伟大，让生命力显得更强。在此情况之下，一种属于社会的个人就会在发展中表现出优势。但是，个人往往淡化一切现象上的认识，发自内心地对世界、社会和心灵产生高度清醒的认识。

如果越来越多的人获得个人幸福，那是因为社会已发展到一个相对完备的阶段。社会完备主要表现在，集体意识的增强，社会和社会荣誉感的增强，以及忘我式的社会发展观念。个人幸福，主要表现在，自身精神世界的自我塑造和不断升华，并接近艺术境界；

现实中的独立与自我完善，甚至是产生对自己有益的思想、认识和实践能力。在此情况之下，个人往往是一个社会内的独立分子，却能给社会带来极大的价值。

幸福应该怎样保持？事实上，很多人认为，幸福就是对世界、社会和他人的科学认识，并使自身发展、社会发展和心灵塑造处于一种复杂而不断优化的理想状态。这主要表现在个人幸福上。当人人都因再塑造、再发展而回归到本能时，真正的人生意义才会出现。因此，个人幸福是社会幸福的重要条件。如何获得幸福？就是通过对社会幸福的不断发现、发展，让个人成为一个社会的主体，才是真正的个人幸福产生的原因。在此情况之下，如果一个人能因社会发展而使自身产生对人生有意义的理想，就很容易产生个人幸福。

人们常常说，放开一切，就能获得幸福。诚然，身外之物，只可以通过参与社会的方式得到，而身内之物，往往需要自身发展，需要一种更伟大的开创精神让自己获得个人的理想和成功。当社会因素越来越不明显时，人们往往只会追求个人的幸福生活。

第二节
幸福就在你的鼻子底下

在生命中,有一种东西是最宝贵的,那就是微笑。走在大街小巷里,当你冲着别人微笑时,别人也会冲着你微笑;奔驰在上班的路上,当你冲着别人微笑时,别人一定让你先行;坐在办公室里,当你因工作问题而冲着别人微笑时,别人必会给予你更多的帮助。在此情况之下,只有让个人的心灵敞开,并以微笑的名义,那你的人生将逢凶化吉,问题将迎刃而解,能力将成倍提升,思想将丰富多彩。因为,微笑是每个人获得良好人际关系的本能反应。只有让人际关系在一切社会因素和个人因素中不断发挥,才有真正意义上的幸福人生。

有人说,多说话,多提建议,让世界多一点对个人、集体和社会尊重,让自身多获得一些发展能力和进步心理,那人的一生将非常有意义。在此基础之上,才有一种接近理想,或是完美的生活。在人一生的发展中,最基本的是获得个人理想和成长,进而将自由的心灵与稳定的现实捆绑起来,形成社会意义上的成就感。此时,人们便能产生幸福感，并为自身一生受用。这就是一种简单且让人无比羡慕，甚至是疯狂追求的生活状态。

有人说，幸福很简单，就是每天快乐地生活，在亲人、同事和朋友之间始终以微笑的方式面对一切，以豁达的心理、顽强的精神和突出的能力将自己最美好、最优秀的一面展现出来。这就是所谓的"幸福"。事实上，幸福也的确很简单，有时就是一句话的能力，一种思维对自身的影响和用鼻子下的嘴巴表现出的强大魅力。在此情形之下，才有一种，或更多种对客观世界的正面认识和心灵上的科学理解。在人的一生中，最重要的部分是今天，最有意义的部分是昨天，最有希望的是明天。只有将这一切串联起来，并为自己的人生带来全方位的发展、进步，才能获得终生幸福。表现在生活和实际中，就是不断地表达，就是对心灵世界的自我塑造，最终达到一种适合自身、对社会有益和为世界带来无限美好及积极向上的东西。

当一个人因丰富的精神世界而对现实产生种种认识，甚至是享受生活的过程，就是一种幸福。在自我认识上，能嗅到一种思想的芬芳，并说出对生活、社会和个人的理解，这往往能让人获得幸福。在幸福的带动之下，更多的人渴望获得精神境界的完美，渴望成为人生中和社会上的唯一。因此，独一无二是一种人生修炼，绝无仅有是一种自然天成，而独树一帜往往是努力、奋斗和创造带来的。

人们只有认知嗅觉灵敏，才能获得精神上的满足感，并在一种更高级的环境中生存。也就是说，当一个人能获得身心上的解放，并始终处于一种优化和净化的过程中，那成熟的心理便会产生。在此，一切美好的想法和积极向上的事物都会出现。真正意义上的幸福人生才可能出现，并被人们憧憬。

幸福就在人们的鼻子底下。首先，嗅觉灵敏的人往往能洞察到很多事物的变化。只有认真发现，用心感受，并真心实意地处理自己发现的问题和已经出现的问题，才能让人生更有意义。当问题降临在人们面前，只有通过洞察力来充分认识它，进而可以在自身知识的支配下和思维方式的控制下，在行为、认知能力上下工夫，最终解决问题。此时，敏锐的嗅觉就显得极为重要。当一个人能成为成功人士，并为自身发展和社会进步带来深刻影响时，那么人就能在内心深处对自己产生骄傲、自信和满足。这就是个人能力的作用，以及社会存在给人生带来的全方位影响。

其次，表达也是一种对发展、进步和成功的适当表现。当一个人因解决问题而发展时，往往需要一种表达，来实现自身价值和发展的需要，当表达成为一种常态时，别人更愿意信任你、尊重你和仰视你。当一个人因解决了问题而产生进步心理时，往往更需要一种表达，为自己进步辩护，让更多的人了解自己，形成一种社会层面上的进步。一切发展的最终，即获得成功时，人们往往还需要一种表达。此时，这种表达可以无节制，可以自由发挥，让越来越多的人为自己庆贺，为自己的未来添砖加瓦。此时，表达往往是提高幸福指数的便捷途径。

这就说明，当幸福出现之后，人们最能运用的方式就是表达。通过种种对生活的理解，对现实的挑战，对人生意义地不断诠释，才能真正形成科学的幸福意识。只有让幸福成为生活中的主体，才能为幸福社会做出贡献。这主要表现在三方面。

第一，幸福是一种社会认识的积累。在人的一生中，只要能实现自身发展，并为社会做出贡献，它就变得有意义。在此过程中，人们往往需要经过努力奋斗实现。而且，精神动力越大，就越能造就成功。对社会的认识，往往是通过学习、发现、总结和认知产生来丰富的。在此情况之下，才有真正的人生意义和社会意义。更明确地说，往往是深刻地认识世界、深入地理解社会和独特地挖掘人生。当一个人成功地实现一个理想时，才有一种接近整体，甚至是完美的人生。积累是一种复杂而无序的过程，只有拥有大量知识，并不断地梳理、规则化，才能让人产生对积累的认同感，并受益终生。

第二，幸福是对人生意义的根本升华。过去，人们认识的幸福就是丰衣足食和安安定定地过完一生。但是，今天却不同，如果想获得幸福，往往要通过学习、努力和奋斗，获得人生价值实现之后的产物。此时，幸福就是一种更高境界的享受，包括个人因素、社会因素和心理因素。就前两者而言，随着社会的发展、文明的进步和精神财富的与日俱增，个人能处于一种安定状态，社会往往能创造足够多的条件让社会成员安居乐业。而心理因素往往是当今的人们最欠缺的。从前，人们固有的观念根深蒂固，一时无法改变，安稳就是幸福，有钱就是幸福，甚至认为默默无闻就是幸福，等等，使得人们无法产生对精神层面的追求。在物质一片繁荣的背景之下，精神世界却荒芜一片。

因此，精神产物的再塑造，以及精神文化的提升，对人们的幸福生活将产生至关重要的影响。事实上，"无为"状态是从内心发展开来的，如果一味地"无为"，我们很难想象这个社会是什么样的。当"无为"成为一种境界时，它就是一种文化，是精神财富。现实中，人们往往需要占有金钱，需要获得事业上的成功，享受成功之后的社会便利。

第三，幸福就是心理强大的最终表现。就心理方面来说，追求知识、破解知识和创造知识往往是所有人追求的目标。此时，心理如何才能强大，就是追求中的立足点，并产生对人生的充分影响。当一个人成为一个人才，并对社会产生作用时，他的认知会越来越强，精神面貌会越来越完整，对事物的认识会深刻而感性，并迸发出无穷的力量。此时，人们会越来越自信、自尊和自勉。一切条件都具备之后，个人心理才会强大起来，并在生活中表现出积极向上的一面。这主要是因为心理强大能给人带来无穷的精神财富，并作用于现实之中。进而，才有真正的生命的意义。只有通过生命意义的再塑造，才能形成科学的幸福观，并最终实现幸福生活。

现在，我们能发现，只有身心得到极大满足，才能对幸福生活产生意识，最终将自己的幸福观确立起来。因此，人们的幸福观都不尽相同，但必须遵从一种规律，那就是对个人生存和发展带来益处，并能推动社会发展，为社会带来更多的更和谐气氛。不得不说，幸福生活是一种理想的人生。它总能让人体味到人生在社会中的最大意义。

当人们不再为金钱而苦恼时，不再为生活而奔波时，不再为工作忧心时，一个更高的生活境界，即幸福生活即会降临人间，并为一切美好的事物和积极向上的精神带来无与伦比的享受。

幸福是什么？就是一种有意识的存在和无意识的实践生活真理。当一切都已成为永恒时，复杂的生活就越来越简单。而在人们内心，却产生越来越复杂的认识，并能享受世界上很多美好的事物。这就是幸福，它是在繁荣之下和进步之后的一种产物。

第三节
幸福一笑能增寿

"笑一笑,十年少。"这句话告诉人们,在生活中,"笑"是美好的代名词。让脸上挂满笑容,不但能让自己焕发青春,更能让人在对待问题时信心百倍。"笑"是一种人类生存的能力。只有每天"开笑脸",人们才能感受到生活的美好,才能让自己始终处于一种自信、自尊之中。很多人认为,要想获得长期的快乐、自由和自立,就必须带着一样东西,那就是"笑"。

认真发笑的人往往对生存有着深刻的认识。当一个人笑出声时,他能体会到生命的真正意义,甚至对社会产生热爱、尊重和敬仰心理,从而让个人产生对他人的关心。在此情况之下,才有一种对生活的渴望,并产生生存欲望。在社会层面,让一个人最终微笑地面对一切,笑声不绝于耳。更本能、更有意义的生活就产生了。此时,在幸福收获的过程中,只有一种精神无法超越,那就是执着之下的追求。笑声有时能让人感到轻松,如果不进行追求,那一切只能进入一种恶性循环之中。但是,过分地追求往往让人产生对生活和工作的厌倦。因此,常常发出笑声,人们往往能获得更多的收获,甚至是幸福。

现实生活中,笑一笑能让人的心灵产生愉悦感和自信感。同样,"笑一笑"能对人的生理产生至关重要的影响。有人说,如果人们能笑开脸,不但他的精神能获得满足感,而且生理中的消化系统会更优化、更强。促进人在生理上更强大,为健康生活保驾护航。因此,"笑一笑,十年少"就是这么回事。

笑能成为平衡生理健康的指标器。现实生活中,笑不仅仅能促进大脑正常运转,而且能增加健康指数,从而让人延年益寿。长寿学家胡夫兰说:"在所有使身体和精神激动的因素中笑是最健康的,它有利于消化、循环和新陈代谢,因而,激活了所有器官的生命力"。"笑一笑"能给生理带来强大的健康动力。在此时,才有一种对客观生活的认识,才有对一切现实生活的憧憬,才有对人生的自我定义。

常常有人说,幸福就是对现实生活的理解和在理解能力上的再理解,并形成自身的生活观,其中包括现实世界对精神世界的影响和作用。在人的一生中,能"笑一笑"就是一种幸福的享受。专家认为,一天都有笑脸,才能让人的心灵始终敞开,始终为人带来一种极具超前感的生活。当一个人能笑出声时,往往需要一种更高层次的认识和魅力,来获得他人的欣赏、尊重和敬慕。以笑脸示人的人,总能将心灵美放在第一位,总能将精神境界当成自己生存的力量,总能将知识和能力放在最简单、最基本的位置。

越来越多的人渴望获得笑声,进而获得一种幸福。今天,只有成为生活的主宰,个人才能成就有意义的生活。在此基础之上,真正意义上的人生成为所有人获得成功的表演场。无论你是什么人,无论你来自何方,无论你背景如何,都能获得成功。如果生活失去笑声，那人生将失去生命中最美好的部分，甚至有专家认为，如果生活中失去笑声，那人们就会生病。美国斯坦福大学一位著名的精神学专家威·弗赖恩博士认为，失去笑声的人们会生病，并使病情日趋恶化。因为失去笑声，人们的内分泌系统会受到破坏，促进疾病产生。

事实上，没有笑声的人往往容易生病，因为"笑"可以解除内分泌的问题，让各种病症得以控制。在此情况之下，人们要保持笑脸，才能获得精神世界的优化和生理功能的良性循环。因此，"笑"能让人延年益寿，更能让人产生对生活的热爱，以及对心灵世界的优化和美化，从而使人越来越自信，更能使人拥有一种新的生活方式和进步的精神境界。

中国有句俗话："生气催人老，笑笑变年少。"其中就是说，"笑"往往能让人增寿。同时，生气往往催人老。就医学角度分析，"笑"总能活跃人的精神，放松生理的功能和代谢速度，从而使人的生理得到解放，并为人们的健康生活带来无穷的乐趣。我国90多岁的冰心老人是一位著名作家，她说："保持健康的方法不是讲营养、吃补药而是在微笑中写作。"莎士比亚说："如果你在一天之中，没有笑一笑，那你这一天就算是白活了。"

由此可见，"笑"对人生是多么重要，尤其是老年人，"笑"可以让人的心灵产生有效的膨胀，能让生理获得极大轻松，促进生理整体循环，并转化为内动力，让人的心理和生理更健康。在此情况之下，当一个人因"笑"而产生种种愉悦之情时，一种人生，或一种理想的境界便产生了。最终，只有让一切美好的事物都承载到心理层面上，生理始终处于优化和稳定状态，那人们便能产生对生活的幸福憧憬。

如何才能真正地获得长寿，往往需要对"笑"的理解，甚至是对"笑"所产生的社会意义的理解。在此情况之下，当意义变得更有价值时，人们就开始寻找一条属于自己的幸福之路。同时，获得幸福和长寿就必须在"笑"上作文章。

首先，寻找"笑"的主观意愿。在现实生活中，寻找"笑"是一件颇费周折之事。人人都渴望用笑声解决自己的生活困境。同时，寻找到"笑"是主观上的愿望。因此，年轻人跟老年人多交流，男孩子多与女孩子交流，在产生效果和价值时，人们往往渴望获得对方的"笑"，甚至渴望获得"笑"给自身带来的精神愉悦感和给大家带来的和谐气氛。

其次，每天笑15分钟。这是美国洛杉矶一家医院对病人的规定，加利福尼亚州的几个老人院里，老人们都接受有计划的"幽默药物"治疗，如阅读有趣味的书、漫画，看喜剧演员演的电影等。老年人每天要记住去寻找笑的机会。不难发现，每天"笑"一下就是快乐的一天。此时，美好的生活就像土壤里的花朵，绽放得越精彩，就越像一个女孩的红彤彤的笑脸。有人认为，老年人要想获得幸福，最好的方法就是拥有"笑"，每天"笑"15分钟，便会放松精神，产生对生理的优化、对他人的好感，等等。

最后，在困难及紧要时刻追求"笑"。当困难降临时，用一种积极向上的精神去克服它，往往会出现两种情况：一种是成功，一种是失败。而用"笑"来面对它，往往只会出现一种情况，那就是心情坦然，成败皆无。只有让一个人的生存空间越来越大，才能让人们产生对事物的追求，最终形成对现实的理解和追求。在此情况之下，更多的人渴望获得一种理解。当人们苦苦思索之后，发现只有用"笑"来面对一切，自己才能摆脱痛苦、审视的阴影。

幸福是怎么来的？其实，就是从一个个美好生活和一个个被认为是美好生活的锻炼中出来的。怎样发现人们的幸福感受呢？其实，就要通过交流、思考和表达来实现。当人们因生活的自得和工作的自信而产生愉悦之情时，人们的脸上才会露出满意的笑容。此时，"笑"是一种对幸福的诠释，是让人们对自己生活的正确理解和恰当表达。

幸福一笑，总能给人带来幸福的一面。在此情况之下，才有人们常常说的幸福。在一个稳定和复杂的环境中，只有让幸福成为人生的最重要的部分，才能让人生意义发生巨大转变。当然，一种美好的生活出现之后，另一种美好生活就会被追求，当一切美好都出现时，那生活就是一个完美的发展、发挥和享受的过程。

真正的生活，就是实际地理解和主动地接受。真正的幸福，就是获得一切属于自身的和一切自身需要的东西，包括无意识的存在的事物。当人们对生活产生最大期望值时，那人生便变得越来越有追求。相反，追求的目标不是结果，而是获得幸福。

"笑"往往就是幸福的代名词。在笑声里，人们能拥有生活魅力；在笑声里，人们能获得对一切美好事物的憧憬。在此情况之下，最华丽的、最本能的就是一种对现实的理解和认识，进而产生一种对生命的深刻理解，让寿命延续。

第四节
幸福人生——以"微笑"的名义

当人们感到幸福时,往往会表现出对他人的尊重、敬仰和热情;当人们感到幸福时,总是用一种简单的方式表达,那就是认真地、负责任地对待一切。在此情况之下,才有一种理想的人生境界,才能让人对现实产生憧憬,并有不停地追求的愿望。

其实,幸福就是一种对生活的透彻领悟,就是对人生目标和理想的再升华,对生活的无限塑造,等等。当一个人已获得幸福时,他的脸上总是挂着"微笑",面对一切都能坦然、豁达。因此,"微笑"是心灵世界最美好的东西。只有拥有"微笑",生活和工作中的一切都会好起来。只有将人生放大到极点,并让人生产生种种社会作用,进而将此作用于人生之上,才能产生科学的、真正的幸福意识。

幸福的人生,就是从"微笑"开始的,它不用太多的表情。当你微笑地面对一切时,他人总是能公平地对待你,甚至会在生活和工作上给予你帮助。在人的一生中,简单地堆加生活是不能幸福的,只有将生活元素组合起来,并在内心产生反应和动力,这才是幸福生活的必要前提。

人们常说,幸福就是用"微笑"面对困难,就是用知识武装大脑,就是事业有成,就是建功立业。事实上,这种背景下形成的幸福往往是短暂的、不稳定的。就今天的人来说,持久的、稳定的幸福总是需要用一生的精神,并在其中不断发现,不断总结,最终形成科学、合理的幸福判断。只有判断正确,真正的幸福才会出现。

如果一生是一次"微笑"的过程,那人生将变得十分美好。在这种情况之下,越来越多的人认为,幸福就是对身边人的理解、认识和尊敬,并以此来获得事业上的成就。因此,人生中的挫折和失败往往需要一种精神的左右。这不仅仅需要豁达的心境和坦诚的态度,更需要一种认知能力。在此,人们才能不断地解决问题,实现生活和工作的发展、进步,甚至是成功。

现在,幸福就在人们心中。有时,它就在你我之间,就在一句问候之中,就在一个不经意的手势之间。越来越多的人认为,幸福就是将理想与现实相结合的理想产物,就是对着每个人"微笑",并让人产生好感的现象。于是,幸福人生便能产生,让所有人都能看到,幸福就是将生活再塑造,并回归到原本的生活之中。

有人认为,每天"微笑"一下,便能诠释幸福。的确,幸福就是一种对生活和工作的理想化,就是对真实情况与理想生活的连接。此时,当我们幸福时,便可以"微笑"的名义,将一种接近完美,或无意识地处于完美状态的人们的生活和工作带入一种理想境界。

今天,幸福人生若即若离,或隐或现。当它真正来到人们身边时,就以"微笑"的名义,让世界对"幸福"产生更深刻的理解,让社会始终处于一种"幸福"状态。

结束语
中国人的幸福标准

对于中国人说，衣、食、住、行往往是至关重要的部分，甚至有人认为，解决"衣食住行"就能实现幸福。事实上，这是有待商榷的。在一个现代化社会里，在一个知识爆炸和思想超前的社会里，只有让"人"的因素发挥到极致，才是获得幸福的社会图景。

有人说，幸福就是生活之上的快乐。其实，这也是不正确的。当人们的生活成为一种基础的生存状态时，只有让精神解脱，并始终临居于现实之上，才能产生真正的幸福。所以，传统的幸福观并不能对今天的个人和社会生活产生本根性影响。

真正的幸福标准，就是让社会处于一种繁荣之中，个人处于一种对现实的有限索取、无限贡献，始终处一种稳定、安定的状态。当幸福不能被人理解时，我们总是没有幸福；当幸福被人认识，并不断地追求、发展时，幸福才会产生。真正意义上的幸福生活便在眼前。

越来越多的人能过上幸福生活，但幸福是一种科学的、标准的生活方式，如果我们不用心发现，不认真思考、理解，幸福往往就是一种空谈。因此，确立一种幸福标准，并在人们内心深处产生幸福认识，幸福社会便会很快形成。

当幸福降临到我们身边时，能发现幸福的人会更幸福，并产生幸福意识；而不能发现幸福的人，总是停留在幸福的初步享受中，更实现不了稳定、持久的幸福心理和体验。

今天，我们获得一件事物越来越简单。在这个一切简单化的社会里，人们最需要获得和掌握的，便是幸福。对幸福产生科学认识，将幸福诠释到内心深处。

如果本书能让读者产生幸福意识，并在心理上产生对追求幸福生活的理想，那社会发展就极具超前感。在此情况之下，才能有一种社会层面的幸福，并反作用于个人幸福。

中国人的幸福标准并不简单，它需要在科学的判断和认知上的提升。在此基础之上，才能产生对世界、社会和生活的幸福追求。也许，人生会是短暂的瞬间，但其程往往是一个无限扩大和极具意义的过程。这就是幸福人生的过程。

现在，幸福标准依然无法确立，首先，国人的知识背景、思想状况、人生理想和价值取向不尽相同。以此为内容，人们往往需要在心理上、理解力和认知上不断思考、发现，并消化形成一种相对稳定和安定的状态。

所谓的标准，就是在人们内心统一思想，在行为上统一步调，并不断整理的过程。现在，中国人的幸福标准几乎无法确立。就社会来说，行业性的专业人士无法形成统一的思想和观念；就生活来说，这种现象稍微好些。在此，我们只以生活为主，工作、事业和专业为辅，对中国人的幸福进行深入、敏锐的分析。

最后我们得出结论，中国人的幸福标准是，事物对心理的刺激、反应，并产生持续的、稳定的心理反应。